Speaking & Listening Skills Practice Set

PASOS 1
Spanish

BEGINNER'S COURSE Fourth Edition

Rosa María Martín
and Martyn Ellis

Contents

Practice activities 5
Audio transcripts 69
Answer key 111

Orders: Please contact Bookpoint Ltd, 130 Milton Park, Abingdon, Oxon OX14 4SB. Telephone: (44) 01235 827720, Fax: (44) 01235 400454. Lines are open from 9.00 to 5.00, Monday to Saturday, with a 24-hour message answering service.

British Library Cataloguing in Publication Data
A catalogue record for this title is available from the British Library.

ISBN: 9781473610774

First published 2011
This edition 2015
Impression number   10 9 8 7 6 5 4 3 2
Year   2018 2017

Copyright © 2015 Rosa María Martín and Martyn Ellis

All rights reserved. Apart from any permitted use under UK copyright law, no part of this publication may be reproduced or transmitted in any form or by any means, electronic or mechanical, including photocopy, recording, or any information, storage and retrieval system, without permission in writing from the publisher or under licence from the Copyright Licensing Agency Limited. Further details of such licences (for reprographic reproduction) may be obtained from the Copyright Licensing Agency Ltd, of Saffron House, 6–10 Kirby Street, London EC1N 8TS.

Hachette UK's policy is to use papers that are natural, renewable and recyclable products and made from wood grown in sustainable forests. The logging and manufacturing processes are expected to conform to the environmental regulations of the country of origin.

Cover photo © John McCabe – Fotolia
Typeset by Cenveo® Publisher Services.
Printed & bound in Great Britain by CPI Group (UK), Ltd. Croydon, CR0 4YY

INTRODUCTION

Pasos 1 Spanish Speaking and Listening Skills Practice Set provides you with a wealth of audio material designed to supplement the *Pasos 1* coursebook or to be used independently. The material on the two CDs is accompanied by a range of tasks which will enable you to practise speaking both accurately and fluently and help you to improve your listening comprehension. It is designed to place you, the learner, in complete control and can be used at the pace which suits you best.

This book is packed with speaking and listening tasks and exercises, as well as frequent sections devoted to vocabulary and expressions which may be new to you.

The materials on the CDs are of several types:

1. Short, repetitive dialogues which focus on a specific language area in order to establish a pattern for you to repeat and develop, so aiding your ability to use structures and to practise pronunciation.
2. Authentic or realistic dialogues, interviews or monologues with Spanish and Latin American people talking about themselves, their lives and on a range of topics.
3. Studio recordings with prompts in English for you to practise one side of a dialogue and to check your accuracy in spoken Spanish.
4. Realistic and authentic transactional dialogues which take place in shops, hotels, stations and other services.

Pasos 1 Spanish Speaking and Listening Skills Practice Set is divided into 14 main units, matching those in the coursebook, and it expands and extends the topic and language areas introduced there.

You can go over the recordings as often as you wish; you can stop and start each track when and where you wish. The Audio transcripts section in this book contains a printed version of all the recording transcripts, allowing you to check the language at any stage. There is also an Answer key to the activities.

There are three or four sections in each lesson and lessons may be approached in a slightly different way. A typical section might work as follows:

1. You may start with a simple dialogue or set of dialogues to establish the topic and accompanied by a simple set of questions.
2. You may then be asked to take the part of one of the speakers in the same dialogue, with an instruction in English of what you are required to say, for example, in answer to the question '¿Dónde trabajas?' you hear *'Say you work in an office and also study Spanish'*. You can then pause the recording while you produce your response in Spanish, restart the CD and listen to the model version to check your accuracy. Then pause again to say the phrase a second time.
3. You may hear a longer, authentic or realistic recording of someone describing an aspect of their life, the content of which you may be asked to summarise in English. You read your notes and produce that same summary in Spanish, before listening to a model version against which you can check your own.
4. You may take part in another interview in which the presenter asks you

questions to which you have to reply, supported by a prompt. Again, you can pause the recording, make your response and then listen to the model answer and compare it with your own. Pause again and repeat the model if you wish. Repeat this process as many times as necessary.

5. The lesson may continue in a similar vein with a variety of task types which range from making up questions for given answers, True/False statements, open questions and gap completion tasks, as well as others.
6. There are also opportunities to simply listen to and repeat key language in order to gain fluency and produce accurate pronunciation.
7. Each lesson includes recordings and tasks of varying difficulty, with the necessary support to help you benefit from each one.

The range of listening, varying in difficulty from studio recordings to more challenging authentic dialogues or interviews recorded on location, ensures that you are exposed to as many types of Spanish sounds as possible. An array of speakers from different backgrounds and with varied interests describing their own circumstances or countries provides a strong cultural element.

Pronunciation

Here is a basic pronunciation guide:

Vowels

In Spanish, all vowels are pronounced short, not rounded:

a	p**a**dre	as in p**a**d
e	t**e**ngo	as in t**e**n
i	f**i**n	as in something between f**i**n and m**e**
o	f**o**to	as in something between f**o**g and f**oe**
u	g**u**sto	as in g**oo**d

Sometimes, two vowels are placed together:

ue	b**ue**no	bw**e**nno
ie	b**ie**n	bi(y)en
au	tr**au**ma	round
ei	s**ei**s	face
ai	b**ai**lar	bide
eu	d**eu**da	elements pronounced separately: e + u
oi/oy	h**oy**	b**oy**

Consonants

b and **v** are both pronounced like **b**: **b**ailar / **v**ista

j is pronounced at the back of the throat, like the **ch** sound in the Scottish lo**ch**: **j**ugar / **j**amón

g before **e** or **i** is pronounced like **j**: **ge**nte, **gi**mnasio

h is not pronounced: **h**ermano sounds like *airmanno*: **h**ora / a**h**ora

c before **e** or **i**, as in **ci**ne, is pronounced like a soft **th** in Spanish and like a soft **s** in Latin. cine: theeneh / seeneh Otherwise it is pronounced like **k**: **c**omida

z is pronounced like a soft **th**: **z**ona

r is always pronounced and is slightly rolled: pe**r**o, come**r**

rr is pronounced with a stronger roll: pe**rr**o

ll, is pronounced **y**, as in **ll**amar (*yamar*).

ñ, is pronounced as in ma**ñ**ana (*manyanna*), like the **ni** in o**ni**on.

w is only found in imported words such as whiskey.

Remember to focus on the stress of Spanish words as you practise the tasks.

Good luck, and get speaking and listening!

Practice activities

Lección 1 ¿Quién eres?
A Nombres y saludos

🎵 1.01
1 a Listen to eight greetings. What do they mean?

   b *¡Ahora tú!* Listen again and repeat.

2 *¡Ahora tú!* Say the greetings in Spanish.

Hello
Good morning
Good afternoon
Good evening
Good night
Hi!/How are you? (informal)
How are you? (formal)
Pleased to meet you
See you later
See you tomorrow
Goodbye

🎵 1.02
3 a Listen to the dialogues and number the names in the order you hear them.

Antonio	☐	Carmen	☐
Teresa	☐	David	☐
Ricardo	☐	Luisa	☐
Carlos	☐	Elena	☐

   b Listen again and say if each dialogue is formal or informal.

 1.03
4 *¡Ahora tú!* Listen and take the part of *tú* in the dialogues, following the English prompts.

B Profesiones y presentaciones

 1.04
5 a Listen and match the people (1–10) with their jobs (a–j).

   1 Luis   a banquero/a
   2 Marta   b camionero/a
   3 Carlos   c cocinero/a
   4 Pepe   d constructor(a)
   5 Alejandro   e empresario/a
   6 Sara   f entrenador(a) personal
   7 Susana   g farmacéutico/a
   8 Fernando   h traductor(a)
   9 Manuel   i intérprete
   10 María   j peluquero/a

   b What is each job in English?
   c *¡Ahora tú!* Listen again and repeat.

 1.05
6 a Read these Spanish surnames aloud. Then listen to the dialogues and check your pronunciation.

Pérez   González   García   Martínez
Fernández   Rodríguez

> Many Spanish surnames end in **-ez**.

   b Listen to the three dialogues again and write *Mr*, *Miss* or *Mrs/Ms* for each surname.

   c For each dialogue, say what part of the day it is (e.g. morning).

   d What other greetings do they use?

1.06

7 *¡Ahora tú!* Take the part of *tú* in the dialogues.

C Países y nacionalidades

8 Where are Isabel's friends from? Try to match the names (1–10) and the countries (a–j). Check the Answer key. Say the names and countries out loud.

1	Richard	a	Bolivia
2	Mahmoud	b	Brasil
3	Juan	c	Egipto
4	María	d	Grecia
5	Ana Isabel	e	Guatemala
6	Hiroko	f	Irlanda
7	Pedro	g	Japón
8	Fátima	h	Marruecos
9	Vangelis	i	México
10	Tatiana	j	Perú

9 *¡Ahora tú!* Look at the names and countries in Activity 8 and say the nationalities.

Ejemplo: 1 Richard es irlandés.

Check in the Answer key.

D La familia

 1.07

10 You will hear 10 questions. Listen to each question, pause, and choose an answer. Listen and check.

a Tengo dos hermanos.
b Sí, tengo un hijo y una hija.
c Me llamo Pepe.
d No, está jubilado.
e Sí, es profesora.
f Soy español.
g Se llama Pedro.
h Mi hija se llama Ana.
i Soy taxista.
j Estoy casado.

11 *¡Ahora tú!* Read the responses in Activity 10 and ask the questions.

12 *¡Ahora tú!* Listen again to the complete dialogue and say the answers in the pauses.

 1.08

13 Ana Isabel is from Guatemala. Listen and write a paragraph in Spanish about her and her family.

Ejemplo: Se llama Ana Isabel …

14 *¡Ahora tú!* Talk about you and your family.

Vocabulario y expresiones

A y B
| Hasta luego. | *See you later.* |
| Hasta mañana. | *See you tomorrow.* |

C y D
More family words you might use:
sobrino/a	*nephew/niece*
cuñado/a	*brother-in-law/sister-in-law*
abuelo/a	*grandfather/grandmother*
nieto/a	*grandson/grandaughter*

E ¿Cómo se escribe?

15 Say the letters out loud.

f h j ñ o m s e t b v g
d y k l n r u a c z i p
w q x

 1.09

16 *¡Ahora tú!* Say the letters, then listen and check.

t b w q h j ñ v g y k l
n r z i p x

 1.10

17 Listen and write the letters to form the names of seven countries.

1 _ _ _ _ _ _ _ _
2 _ _ _ _ _ _ _
3 _ _ _ _ _ _
4 _ _ _ _ _ _ _
5 _ _ _ _ _ _ _
6 _ _ _ _ _ _ _ _ _
7 _ _ _ _ _ _

1.11

18 Listen and write the information about these two people.

A

Sr./Sra./Srta.	_____
Profesión	_____
País	_____
Ciudad	_____

B

Sr./Sra./Srta.	_____
Profesión	_____
País	_____
Ciudad	_____

1.12

19 **a** *¡Ahora tú!* Listen to the prompts and introduce the man.

b *¡Ahora tú!* Give the following information about yourself.

- your surname – spell it • your job/profession • your nationality • your town – spell it

---

Vocabulario y expresiones

E

el apellido	*surname*
¿Cómo se escribe?	*How do you spell it?*
Se escribe . . .	*It's spelt . . .*
con/sin acento	*with/without an accent*
el abecedario	*alphabet*
Son dos palabras.	*They are two words.*

Más allá

 1.13

20 a Listen to these people and complete the table to say what languages they speak and study.

	native language	speaks very/quite well	speaks a little	studies
1 Ana				
2 Isabel				

b Give the reasons why they speak/study the languages they mention.

21 *¡Ahora tú!* Look at Activity 20 and say the languages the people speak.

Ejemplo: Ana habla español, es su lengua nativa. También habla inglés...

22 *¡Ahora tú!* What languages do you speak? What languages do you study?

 1.14

23 Listen to the information about Barcelona and take notes in English. What or who is each thing or person?
1. Cataluña
2. La Sagrada Familia
3. Antonio Gaudí
4. Güell
5. El Barrio Gótico
6. Las Ramblas
7. El Camp nou
8. Picasso
9. La Barceloneta
10. Montjuich

24 a *¡Ahora tú!* Look at your notes for Activity 23 and speak about Barcelona.

b Check in the Answer key and repeat the activity.

c *¡Ahora tú!* Speak about your city or a city you like.

Lección 2 ¿Qué quieres?

A En el bar

🎧 1.15
1 a Listen to Rosa. What does she order at the bar? How much is it?

   b *¡Ahora tú!* Listen again and repeat the part of Rosa.

🎧 1.16
2 *¡Ahora tú!* Listen and take the part of the customer.

🎧 1.17
3 Listen to the five orders and complete the table in Spanish.

	beber	comer	€
1			
2			
3			
4			
5			

4 *¡Ahora tú!* Use the *Vocabulario y expresiones* (on the next page) and make dialogues like this.

Camarero: ¿Qué le pongo?
Tú: Póngame una cerveza.
Camarero: ¿Algo más?
Tú: Sí, una ración de calamares, por favor.
Camarero: Aquí tiene.
Tú: ¿Me cobra, por favor?
Camarero: Sí, son diez euros.

B ¿Hay patatas fritas?

🎧 1.18
5 a Listen to the dialogue in Bar Pesadilla*. What does the customer want? What is there?
*Nightmare

   b Listen again and repeat the part of the customer.

   c *¡Ahora tú!* Ask the waiter for various drinks and food.

🎧 1.19
6 a Listen to an interview with a bar owner, and answer these questions.

1 ¿Cómo se llama el dueño del bar?
2 ¿De dónde es?
3 ¿Cómo se llama el bar?
4 ¿Qué tipo de bar es?
5 ¿Qué hay en el bar?
6 ¿Cuántos camareros hay en el bar?
7 ¿Quiénes son los camareros?
8 ¿Quién prepara la comida del bar?

   b *¡Ahora tú!* Ask Alfonso's wife the questions for these answers. Then listen to the dialogue in Activity 6a and check.

Note: in the last question, use *camarera*, not *camarero*.

Tú: _____
María: Me llamo María Fernández.
Tú: _____
María: Soy de Madrid.
Tú: _____
María: Se llama bar Martínez.
Tú: _____

Practice activities

Vocabulario y expresiones

A

You might hear:		You might say:	
¿Qué te pongo?	*What can I get you? (informal singular)*	Ponme...	*Give me...*
¿Qué le pongo?	*What can I get you? (formal)*	Póngame	*(Could you) give me... (formal)*
¿Qué os pongo?	*What can I get you? (informal plural)*	Para mí...	*For me...*
		¿Puede darme...?	*Can you give me?*
		¿Me cobra? ¿Puede cobrarme, por favor?	*Can I pay? Can I pay for this, please?*
		¿Qué le debo?	*How much do I owe you?*
		Oiga, por favor.	*Excuse me.*
Aquí tiene.	*Here you are.*	Aquí tiene.	*Here you are.*
No me/nos queda (sidra).	*I/We have no (cider) left.*		

María: Es un bar normal.
Tú: _____
María: Hay de todo. Tapas, bocadillos, café, cerveza...
Tú: _____
María: No, yo no soy camarera, soy cocinera.

C En el restaurante

1.20

7 a Look at the menu and listen to a man and a woman ordering a meal. What does each of them order?

Menú del día

Primer plato
Ensalada
Sopa
Zumo de tomate

Segundo plato
Pollo a la chilindrón
Paella
Lomo con patatas

Postre
Fruta
Helado
Flan

Lección 2 ¿Qué quieres?

b Listen again and answer these questions.

1. How many courses do they order?
2. What ingredients are in the chicken dish?
3. What kind of wine does the woman want?
4. What other fruits are available apart from peaches?
5. Who has coffee?
6. Who asks for the bill?

c Listen to the dialogue again and tick the questions and expressions you hear.

¿Qué tomarán...?	☐	¿Cómo es (el pollo)?	☐
De acuerdo.	☐	Lomo, pero que esté bien hecho.	☐
vino tinto de la casa	☐	vino de marca	☐
Yo tomaré ensalada.	☐	Lomo, poco hecho.	☐
pollo asado	☐	¿Nos trae la cuenta?	☐
¿Qué quiere beber?	☐	¿Qué quieren de postre?	☐
Tráigame pollo.	☐	pollo frito	☐
¿Nos cobra?	☐	Para mí tampoco.	☐

d ¡Ahora tú! Listen to the dialogue again and repeat the parts of the customers.

 1.21

8 ¡Ahora tú! Listen and take the part of the customer.

Vocabulario y expresiones

C

¿Qué tomarán?	*What will you have?*
¿Cómo es (el pollo)?	*What's (the chicken) like?*
Tráigame...	*Bring me...*
De acuerdo	*All right, OK*
Tomaré ensalada.	*I'll have salad.*
Lomo, bien hecho.	*Pork, well done.*
Lomo, poco hecho.	*Pork, rare.*
pollo frito	*fried chicken*
pollo asado	*roast chicken*
vino de la casa	*house wine*
vino de marca	*branded wine*
Para mí tampoco.	*Not for me either.*

D La hora del café

 1.22

9 Sr. Pérez introduces Sra. García and Sr. González at a business lunch. Listen and answer these questions.

1 Who lives in Madrid?
2 Who lives in calle Goya?
3 Who wants a beer?
4 Who wants a coffee?

 1.23

10 Listen to Sr. González and Sra. García exchanging information to keep in touch. Complete the information.

Sra. García: ¿Cuál es su número de teléfono?
Sr. González: 1 _____
Sra. García: ¿Y su correo electrónico?
Sr. González: 2 _____
Sra García: ¿Y su dirección?
Sr. Gonzalez: 3 _____

11 *¡Ahora tú!* Make a dialogue with your own details. Answer these questions.

¿Cuál es su número de teléfono?
¿Y su correo electrónico?
¿Y su dirección?

E Los números

 1.24

12 a Listen to the waiter and write down the amounts of the bills.

   b Read out the numbers you have written. Then listen again, check and repeat.

13 *¡Ahora tú!* Say the age and birthday of these people.

Ejemplo: Ana tiene dieciocho años y su cumpleaños es el veintisiete de agosto.

Check in the Answer key.

	años	cumpleaños
1 Ana	18	27 agosto
2 José Luis	36	14 abril
3 Mari Carmen	58	7 septiembre
4 Javier	23	2 mayo
5 Susana	43	15 enero

Vocabulario y expresiones

D y E
el correo electrónico — *email*
¿Qué edad tienes? — *How old are you? (lit: What age do you have?)*
¡Qué casualidad! — *What a coincidence!*

Más allá

1.25

14 a Listen to Ana Isabel talking about food in Guatemala. What does she say? Make notes in English on the following.

- Products of Guatemala (*Los productos de Guatemala*)
- Coffee (*El café*)
- The typical national dish (*El plato típico del país*)

b *¡Ahora tú!* Write a summary in Spanish of what Ana Isabel said, using your notes to help you.

1.26

15 Listen and compare with your summary.

Vocabulario y expresiones

el frijol (frito)	*(fried) beans*
el arroz	*rice*
los huevos (fritas)	*(fried) eggs*
el chirmol	*a sauce*
la caña de azúcar	*sugar cane*
picar (pica)	*to be spicy (it's spicy)*

Lección 3 ¿Dónde está?

A ¿Dónde está?

1 These are the capitals of some Latin American countries. Which ones?

1 Tegucigalpa   5 Brasilia
2 Santiago   6 Ciudad de México
3 Asunción   7 El Salvador
4 Bogotá   8 San José

2 *¡Ahora tú!* Make sentences in Spanish with the capitals and countries above.

Ejemplo: Tegucigalpa es la capital de Honduras.

1.27

3 a Listen to Cati (Spanish) and Ricardo (Mexican) and answer these questions for each of them. Note the pronunciation differences.

1 ¿De dónde es?
2 ¿Dónde está su ciudad?
3 ¿Es grande su ciudad?
4 ¿Cuántos habitantes tiene?

  b *¡Ahora tú!* Make up a similar dialogue.

B ¿Cerca o lejos?

1.28

4 a Ana Isabel talks about her city and her country. Listen and answer these questions in Spanish.

1 ¿Cuál es la capital de Guatemala?
2 ¿Dónde está?
3 ¿Cómo es?
4 ¿Qué hay?
5 ¿Cuántos habitantes hay en el país?
6 ¿Qué ciudades o lugares importantes hay en su país?

> Reu and Xela are two cities in Guatemala. They are the short names for Retalhuleu and Xelajú.

  b Look at the *Vocabulario y expresiones* box at the end of this section. Listen to the dialogue again and identify which expressions from the box are used by Ana Isabel.

5 a *¡Ahora tú!* Talk about Guatemala. Say the following in Spanish.

Ciudad de Guatemala is the capital of the country. It is in the south-west.
It's a big town. It has an historical part and a modern part. The country has 12 million inhabitants. Retalhuleu is also an important town. Petén is an area in the north of the country. There is a Mayan town in Petén. The most important town in Petén is Flores.

1.29
  b Listen, repeat and check.

6 *¡Ahora tú!* Now talk about your city and country.

7 *¡Ahora tú!* You are in Málaga's Tourist office and want to go to other places. How would you do these things in Spanish?

1 Say you want to go to Marbella and ask if it's very far from Málaga.
2 Ask how many kilometres Marbella is from Málaga.
3 Ask how far Granada is from Málaga.
4 Ask for a map of Málaga.
5 Say you would like a map of Spain.

1.30

8 Cati wants to rent an apartment in Málaga. Listen and answer these questions in English.

1 How far is La Reserva from Marbella?
2 How long does it take to drive to Málaga?
3 How far is the La Reserva apartment from the sea?
4 What is there five minutes' walk from the Puerto Banús apartment?
5 What is the Puerto Banús apartment like?

9 a *¡Ahora tú!* You want to rent an apartment. Ask some questions. Then check in the Answer key.

In what part of Spain is it?
What is the apartment like?
What floor is it on?
Is there a garden?
Is there a swimming pool?
Is it near the beach?
Is it near the town?
Is it near the shops?

b *¡Ahora tú!* Talk about the apartment belonging to Rosa's friend. Use the information from Activity 8.

c *¡Ahora tú!* Cati wants to rent a house in your area. Give her some information about one.

Vocabulario y expresiones

A y B

aproximadamente	*approximately*
bastante (cerca)	*quite (near)*
conocido como / que se conoce como	*known as / that is known as*
Está a cien kilómetros de la capital.	*It's 100 km from the capital.*
hacia el sur	*towards the south*
hacia el norte	*towards the north*
la única (ciudad maya)	*the only (Mayan city)*
que queda a media ciudad	*that is in the middle of the city*
se encuentran	*they are found*
unos jardines preciosos	*some beautiful gardens*
¿A cuántos kilómetros está . . . ?	*How many kilometres away is . . . ?*
Está a cien kilómetros.	*It's 100 km away.*
Depende del tráfico.	*It depends on the traffic.*
ahora mismo	*right now*

C ¿Dónde estás?

10 Rosa is organising a party. Listen and say which friends can't go and why.

11 *¡Ahora tú!* Take the part of *tú* in the dialogues.

D Direcciones

12 a Listen to three dialogues in which someone gives directions. Match each set of directions with one of these maps. There is one map that you won't need.

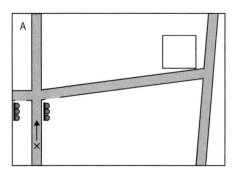

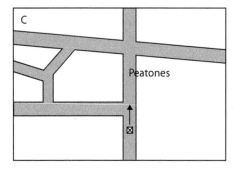

b Listen again to check how much you have understood.

13 *¡Ahora tú!* Ask these questions in Spanish, starting with *Oiga, por favor*

1 Excuse me, please. How do I get to the cathedral?
2 Excuse me, please. How do I get to the car park, is it up there?
3 Excuse me, please. Where is the football stadium?
4 Excuse me, please. Where are the shops?
5 Excuse me, please. How do I get to the station?
6 Excuse me, please. Is there a supermarket round here?

Vocabulario y expresiones

C y D

continuar (continúe)	*to continue (continue)*
un cruce	*a crossing*
cruzar (cruce, cruza)	*to cross (cross)*
¡Estupendo!	*That's great!*
Hay obras por la zona.	*There are roadworks in the area.*
lo siento	*I'm sorry*
para salir	*to get out*
¡Qué pena!	*What a pity!*
seguir (siga)	*to follow/carry on (carry on)*
subir (suba)	*to go up (go up)*
Tiene(s) que seguir . . .	*You have to carry on . . .*
tomar (tome)	*to take (take)*

E El restaurante está al lado del cine

14 a *¡Ahora tú!* Ask for these places in Spanish. Use '*Perdone*' and '*Oiga, por favor*'.

Is there a hotel/chemist/car park round here? Where is the hospital/swimming pool/market/tourist office/post office?

  b *¡Ahora tú!* Say these sentences in Spanish.

1. There is a hotel next to the station.
2. The chemist is opposite the restaurant.
3. The hospital is opposite the football stadium.
4. The swimming pool is behind the police station.
5. The market is in front of the cathedral.
6. There is a car park behind the petrol station.
7. The tourist office is opposite the theatre.
8. The post office is next to a café.

Más allá

 1.34

15 a **Listen to a tourist guide and indicate where these places are in the map in the following page.**

1. los almacenes El Corte Español
2. la iglesia de San Miguel
3. la biblioteca municipal
4. la estatua del Rey Alfonso
5. la catedral
6. la iglesia de San Salvador
7. una fuente
8. el museo de Arte Moderno
9. el palacio de los Duques de Azuara
10. el hotel Madrid

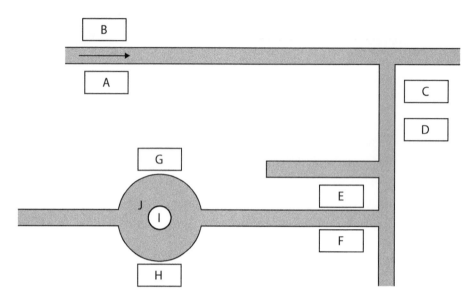

b   What is the itinerary of the tour?

16 a   *¡Ahora tú!* You are the guide. Look at the plan in Activity 15 and describe the itinerary. Listen to the guide again to check.

b   *¡Ahora tú!* You are a guide in your own city. Prepare an itinerary and explain to your Spanish friends.

17 a   *¡Ahora tú!* Do this quiz about Latin America. Choose the correct answers.

QUIZ
1 ¿Dónde está el Volcán de Agua?
   México / Guatemala / Argentina
2 ¿Cuál es el río más grande del mundo?
   Magdalena / Orinoco / Amazonas
3 ¿Cómo se llaman las montañas que hay en el oeste de Sudamérica?
   Los Alpes / Los Andes / Las Rocosas
4 ¿Dónde hay un desierto?
   Chile / Uruguay / Venezuela
5 ¿Cuál es la isla más grande del Caribe?
   Puerto Rico / Jamaica / Cuba
6 ¿Dónde hay una selva?
   Argentina / Colombia / España
7 ¿Dónde está la gran llanura que se llama 'La Pampa'?
   Ecuador / Chile / Argentina
8 El lago Titicaca es el más grande del mundo, ¿sabes dónde está?
   Bolivia / Paraguay / Honduras

b   Say the full answers to the quiz aloud, then check them in the Answers section.

1.35

18 a   Listen to Ana Isabel talking about Guatemala and choose the correct answers.

1 En Petén hay ...
   a un río.   **b** una selva.   **c** un pueblo.
2 Petén está en el ...
   a norte.   **b** sur.   **c** este.
3 Cobán es ...
   a una montaña.   **b** una ciudad.
   c un clima.
4 Cobán está más ...
   a al norte.   **b** al este.   **c** al sur.
5 Cobán está ...
   a debajo de las montañas.   **b** al lado de las montañas.   **c** entre montañas.

6 Atlitán es ...
 a un volcán. **b** un lago. **c** un cráter.
7 Las playas están ...
 a en el Pacífico. **b** en el Atlántico.
 c en el Pacífico y en el Atlántico.

b Listen again and give more information in English.

1.36

c Listen to a summary which contains more information about Guatemala and translate it into English.

19 **a** *¡Ahora tú!* **Talk about Guatemala, using the translation you did in Activity 18c. Listen to the summary again and check.**

b *¡Ahora tú!* **Talk about interesting places in your country or in a country you know.**

Vocabulario y expresiones

la arena (negra)	*(black) sand*
cerquita (cerca)	*near*
el cráter	*crater*
derrumbar	*to collapse*
la época	*period, era*
la llanura	*plain*
lo que queda	*what remains*
los monos aulladores	*howler monkeys*
por aquí	*around here*
la selva	*rainforest*
el terremoto	*earthquake*
queda/se encuentra	*is (use instead of* está*)*
hay de todo	*there's (a bit of) everything*

Lección 4 ¿Cómo es?

A Una habitación, por favor

1 a Say the following phrases aloud in Spanish.

a only breakfast
b a double room with two beds
c full board
d views of the beach
e three nights
f a double room with a shower
g views of the garden
h a single room with bathroom
i half board
j two double rooms and a single room

b Check in the Answers section and then say the phrases again without looking.

 1.37

2 a Listen and say whether these statements are true or false. Correct the false ones.

1 The woman wants two single rooms.
2 The hotel doesn't have any single rooms left.
3 The rooms have private bathrooms.
4 The woman and her family plan to stay for more than a week.
5 They want 'breakfast only' at the hotel.
6 Their rooms are next to each other.
7 They want a call in the morning.

b Listen again and repeat the guest's part.

3 ¡Ahora tú! Say these sentences in Spanish. Check in the Answer section.

1 I would like a double room with bathroom.
2 I would like full board, please.
3 I don't want any breakfast, thank you.
4 I would like a room with views of the beach.
5 I would like a single room for three nights.
6 I would like a double room with a double bed.
7 I would like a room with a terrace for a week.
8 I just want breakfast.
9 I would like a room from the 10th to the 15th of May.
10 Is breakfast included in the price?

 1.38

4 a Listen to a man arriving at the hotel and answer these questions.

1 What kind of room has he reserved?
2 For how long?
3 What meals does he want?
4 Which floor is the room on?
5 What's the room number?
6 When does the guest want to be woken up?
7 Is the guest taking his own suitcases?
8 Where is the lift?
9 What time is breakfast?
10 Where is his car now?
11 Where is the hotel car park?
12 What does the receptionist offer to do?

b ¡Ahora tú! Listen again and repeat the guest's sentences.

1.39

5 Listen to a guest paying his hotel bill and complete the bill.

Total días: _____
Tipo de habitación: _____
Desayuno/comida/cena: _____
Otros servicios: teléfono/internet/centro de negocios (*business centre*): _____

 1.40

6 *¡Ahora tú!* **Listen and take the part of a guest arriving at a hotel.**

Vocabulario y expresiones

A

Tengo una habitación reservada.	I have a room reserved.
para hoy/mañana	for today/tomorrow
la llave	key
el equipaje/las maletas	luggage/suitcases
con vistas al jardín/a la playa	with a view of the garden/the beach
No nos/me queda(n).	I/We have none left.
No estoy seguro/a.	I'm not sure.
Sale bastante barato.	It works out quite cheaply.
¿Me da(n) su documentación?	Could you give me your documentation?
¿No están juntas?	Aren't they together?
El hotel está (casi) completo/lleno.	The hotel is (almost) full.
¿Puede llamarme a las siete?	Can you call me at seven?
¡No faltaría más!	Of course.
El desayuno se sirve entre . . .	Breakfast is served between . . .
¿Dónde puedo aparcar el coche?	Where can I park the car?
Está mal aparcado en la calle, ahí enfrente del hotel.	It's badly parked in the street, there opposite the hotel.
dejar las llaves	leave the keys
Se lo aparcamos nosotros.	We'll park it.
ahora mismo	right now
¿Podría preparar la cuenta?	Could you prepare the bill?
anoche	last night

B ¿Cómo es el hotel?

 1.41

7 a **Listen and put these words in the order the receptionist says them.**

a terraza
b aire acondicionado
c ascensor
d primera línea de playa
e cómodo
f céntrico
g moderno
h calefacción
i tiendas
j accesos para sillas de ruedas

b What other facilities are mentioned?

8 a *¡Ahora tú!* Describe the hotel Pesadilla (*Nightmare*).

It's a very uncomfortable old hotel, it has no lift and it has no wheelchair access. It isn't on the seafront. It's a long way from the town and a very long way from the shops. There is no gym nor a tennis court. There is no restaurant, no bar, no disco, no swimming pool. The rooms don't have air conditioning or heating and they don't have a balcony. There is no internet connection either. It's a horrible hotel.

b Check in the Answer key.

9 a *¡Ahora tú!* Ask the receptionist if there are the following things in the hotel.

• restaurant • hairdresser's • gym • tennis court • swimming pool for children • shops • gardens.

b *¡Ahora tú!* Now ask if the room has the following facilities.

• bar • internet connection • air conditioning • big balcony • sea views

---

Vocabulario y expresiones

B

primera línea de playa	*on the seafront*
una silla de ruedas	*a wheelchair*
céntrico	*near the centre*
la peluquería	*hairdresser's*
piscina para niños	*children's swimming pool*
y	*and*
ni	*nor*
también	*also*
tampoco	*either (with a negative)*

C El piso/La casa

 1.42

10 Listen to Arturo and Ana Isabel talking about their houses. What are they like? In what ways are they similar and different? Take notes in English.

11 *¡Ahora tú!* Describe Ana Isabel's house and her room.

12 *¡Ahora tú!* Draw a plan of your house or flat and describe it.

Lección 4 ¿Cómo es?

> *Vocabulario y expresiones*
>
> **C**
> bastante amplio/a — *quite big, spacious*
> Mi cuarto queda en el primer piso. — *My room is on the first floor.*
> La ventana da hacia el jardín. — *The window looks out over the garden.*
> la parte trasera — *the rear part*

D Juan se cambia de casa

13 a Write three lists as follows.

1. rooms in the house
2. furniture
3. objects in the house that are not items of furniture.

b Check in the Answers section and then, without looking, write as many words as you can remember. Look at the lists again. Say the words out loud.

 1.43

14 a You will hear two youngsters, Ana Rosa and Yolanda, describing their bedrooms. Listen and say who, if either, has the following.

1. a big bed
2. a wash basin
3. a long corridor
4. a wardrobe
5. a bookshelf
6. a television
7. a bedside table
8. a study desk
9. an armchair
10. dolls
11. a music centre

b Listen again and give more details.

c *¡Ahora tú!* Describe your room.

Más allá

 1.44

15 a Listen to the dialogue between Jaime and a friend who wants to visit his town, Belchite. Answer these questions.

1. Where is it in relation to Zaragoza?
2. How do you get there?
3. What is Belchite like?
4. What is there in the town?

b *¡Ahora tú!* You want to visit Belchite; ask Jaime these questions. Listen to 15a again and check.

1. Where is the village?
2. Is it far from the main town?
3. Is there a train to get there?
4. What is the village like?
5. What is there in the village?
6. When is the museum open?

c *¡Ahora tú!* Jaime wants to visit your town. Tell him all about it.

🎵 1.45

16 a Jaime works in his holidays as a tourist guide in Belchite. The old town was destroyed during the Spanish Civil War and is a national monument. Jaime takes some tourists there. Before you listen, write *es* or *está* before each word. Then listen and check.

1. grande
2. bonito
3. abandonado
4. vacío
5. limpio
6. destruido
7. interesante
8. abierta

1.46

b   Put the places Jaime visits in order.

• el convento de San Rafael   • la fuente
• la puerta   • la iglesia de San Martín
• la calle Mayor   • la iglesia de San Agustín   • las casas de la calle Mayor
• las casas por detrás

c   In which centuries were these monuments built?

1   houses
2   church of San Agustín
3   church tower of San Martín

d   Which place or object does each of these adjectives refer to?

Ejemplo: bonitos → los balcones

1 larga   2 buena   3 destruidos   4 vacías
5 destruidas   6 antiguas   7 rota
8 fresca   9 rotos   10 antigua

 1.46

17 a   *¡Ahora tú!* **You are the village guide. Talk about the old village of Belchite. Listen to Jaime again and check.**

   b   *¡Ahora tú!* **Talk about your own village or town.**

Lección 5 ¿Qué haces?

A Y tú, ¿trabajas?

 1.47

1 a Listen to José and make notes in English about his job.

   b What do these expressions mean?

1 jefe de personal
2 compañía de seguros
3 bastante grande
4 tampoco
5 a mediodía

 1.48

   c Read your notes about José and give the information in Spanish. Listen to the summary and check.

 1.49

2 *¡Ahora tú!* Take the part of *tú* in the dialogue. Use the *usted* form.

3 *¡Ahora tú!* Say these sentences in Spanish. Then check in the Answer section.

1 I work in a company.
2 My brother doesn't work, he is unemployed.
3 I read a lot of books and I read the newspaper every day.
4 My brother watches football on the television.
5 I eat in a restaurant every day because my work is far away.
6 I don't have much money because my salary is not very good.
7 I don't spend much money.

Vocabulario y expresiones

A

una empresa	a company
(una compañía de) seguros	(an) insurance (company)
tampoco	neither
gastar	to spend
estar en paro	to be out of work

B ¿Qué hora es?

4 Say the following times.

Ejemplo: **6.20** → Son las seis y veinte de la mañana.

a 6:20   b 15:35   c 14:30   d 22:05
e 11:45 f 12:45   g 19:30   h 7:30
i 4:15   j 16:50

5 Say the times using the twenty-four hour clock form.

Ejemplo: **15.30** → Son las quince horas treinta minutos.

a 15.30   d 12.55
b 4.15   e 18.35
c 8.45   f 23.20

1.50

6 Listen to Rosa explaining meal times to Neil, a friend from overseas. Write the times in the diary. Pay attention to verbs in the plural form.

	AGENDA	
	Durante la semana	Los domingos
Desayuno	(1) _____	(5) _____
Comida	(2) _____	(6) _____
Merienda	(3) _____	(7) _____
Cena	(4) _____	(8) _____

7 *¡Ahora tú!* Talk about your mealtimes.

Vocabulario y expresiones
B
sobre (las nueve)	*about (nine o'clock)*
estamos de vacaciones	*we are on holiday*
hay que (ir)	*one has/you have to (go)*
levantarse antes	*to get up earlier*
merendar (merendamos)	*to have an afternoon snack (we have...)*
aunque	*although*
ligero	*light*
una cena ligera	*a light supper*

C ¿Qué haces cada día?

 1.51

8 a Listen to Pili talking about her job as a postwoman and what she thinks of her job, then answer these questions.

1 When and why does she work as a postwoman?
2 What other jobs does she do?
3 Why does she get up early?
4 What does she do until midday?
5 What does she do at midday?
6 What does she do in the afternoon and evening?
7 What does she like about her job as a postwoman?

b *¡Ahora tú!* Complete Pili's phrases with words from the box, then read them aloud.

vuelvo	veo	hago	hago	es
soy	trabajo	levanto	voy	voy
tengo	doy			

1 Yo _____ repartiendo cartas solamente en verano.
2 Además _____ cantante y profesora de canto tradicional.
3 _____ una tienda.
4 Mi vida _____ muy ajetreada.
5 Me _____ temprano.
6 Después _____ por una zona del pueblo con las cartas.
7 Luego _____ a casa.
8 _____ la comida.
9 Por la tarde _____ a la tienda.
10 Después _____ las clases de canto particulares.
11 El trabajo de cartero sólo lo _____ por las mañanas.
12 _____ a mucha gente.

c Listen again and check.

d ¡Ahora tú! Say what Pili does every day. Use the phrases from Exercise 8b and don't forget to use the third person.

Ejemplo: Pili es una mujer cartero y trabaja repartiendo cartas...

1.52

9 ¡Ahora tú! Listen and take the part of *tú* in the dialogue.

D ¿Cómo eres?

10 Read the list of qualities and defects next to the names. What do they mean? Make sentences.

Ejemplo: Alicia es simpática.

Say them aloud.

1 Andrés   a   tímido/a
2 Jorge   b   amable
3 Alicia   c   simpático/a
4 Sara   d   extrovertido/a
5 Ana   e   mentiroso/a
6 Fernando   f   nervioso/a
7 Alberto   g   sincero/a
8 Guillermo   h   irresponsable
9 Gloria   i   perezoso/a
10 Javier   j   antipático/a

1.53

11 a Listen to three people describing themselves. Complete this table, writing one or two things in each column for each person. (Note that Yolanda says nothing about her physical appearance.)

	personality	physical appearance
1 Ana Rosa		
2 Manolo		
3 Yolanda		

b Study the *Vocabulario y expresiones* on the next page. Then listen to the descriptions again.

c Match the words to form phrases used by Ana Rosa, Manolo and Yolanda. Who says each one?

1 me cuesta   a   a casi todos los
2 no me adapto   b   caracteres
3 tengo una apariencia   c   de mi edad
4 me consideran   d   hacer amigos
5 la cual cosa   e   muy engreída
6 me gusta   f   normal
7 no me gusta la gente   g   que sí
8 me adapto bien   h   ser abierta
9 yo creo   i   simpático
10 para un chico   j   yo dudo

d Listen again and check.

1.54

12 ¡Ahora tú! Listen and take the part of *tú* in the dialogue.

> **Vocabulario y expresiones**
>
> **C y D**
>
> | | |
> |---|---|
> | repartir | to deliver (e.g. mail) |
> | ajetreado/a | busy |
> | recoger | to collect |
> | el canto | singing |
> | una clase particular | a private class |
> | madrugar | to get up very early in the morning |
> | mentiroso/a | lying |
> | costar | to find difficult |
> | Me cuesta hacer amigos. | I find it difficult to make friends. |
> | según | it depends |
> | la cual cosa yo dudo | which i doubt |
> | engreído/a | big-headed |
> | yo creo que sí | I think so |

Más allá

 1.55

13 Listen to Ana Isabel talking about mealtimes in Guatemala. Study the words in the *Vocabulario y expresiones* box opposite and complete the table.

	hora	tipo de comida y bebida
desayuno		
comida/ almuerzo		
merienda		
cena		

 1.56

14 *¡Ahora tú!* Listen to a summary of what Ana Isabel says and repeat. Then talk about mealtimes and meals in Guatemala. Listen again and check.

15 *¡Ahora tú!* Talk about meals in your country. Use these questions to help you.

¿Qué coméis / tomáis. . .
1 en el desayuno?
2 a media mañana?
3 en la comida?
4 en la merienda?
5 en la cena?

Ejemplo: En el desayuno tomamos (*or* se toma) leche / comemos (*or* se come) cereales.

1.57

16 a Amparo has some unusual working hours. Listen and complete the table.

Profesión:	
Lugar de trabajo (descripción):	
Especialidad:	

Semana típica:
  lunes
  martes
  miércoles
  jueves
  viernes
  sábado
  domingo	

Horarios:
  mañana
  tarde
  noche	

b Listen again to compare your answers.

1.58

17 Listen to and read the joke.

Por la mañana no desayuno, pienso en ti. Al mediodía no como, pienso en ti. Por la noche no ceno, pienso en ti. Por la noche no duermo, tengo hambre.

Vocabulario y expresiones

Más allá

el chirmol	*a special kind of sauce*
los frijoles	*black beans (Latin American)*
almorzar	*to have lunch (Latin America)*
liviano/a	*light (Latin American)*
la granola	*a kind of cereal*
el cafecito	*diminutive form of* **café**: *a small coffee*
juntarse	*to get together*
los huevos revueltos	*scrambled eggs*
las judías	*beans*
la carrera	*university course*

- Using the reflexive form of a verb to state what 'one' does or what 'is done' is common in Spanish. For example:
  - se toma   *one has/we have/is taken*
  - se come   *one eats/one has lunch/we have lunch/is eaten*
  - se bebe   *one drinks/we drink/is drunk*
- **He trabajao**: Spanish speakers often omit the **d** sound in the past participle in conversation, so for example **he trabajado** becomes **he trabajao**.

Lección 6 ¿Algo más?

A De compras

1 *¡Ahora tú!* You go shopping for fruit and vegetables. Make up dialogues as in the following example.

Dependiente: Hola, buenas tardes. ¿Qué desea usted?
Tú: Póngame / Deme / Quiero dos kilos de plátanos grandes. ¿Cuánto es / cuesta(n)?
Dependiente: Son 3 euros el kilo. ¿Desea alguna cosa más?
Tú: No, nada más, gracias.
Dependiente: Entonces son 6 euros en total.
Tú: Seis euros... Aquí tiene. Adiós.

item	quantity	other details	price
bananas	2 kg	big	3€/kg (= 6 euros)
apples	2 kg	golden	2,50€/kg (= 5 euros)
strawberries	small box		2€ box (= 1 euro)
pears	1 kg	small	2€/kg
potatoes	4 kg	big	1,25€/kg (= 5 euros)
carrots	2 kg	small	1,5€/kg (= 3 euros)
oranges	2 kg	for juice	3€/ kg (= 6 euros)
lettuce	1	big	1,5€/unit
tomatoes	3 kg	for salad	2€/ kg (= 6 euros)
grapes	1 kg	green	4€/ kg (= 4 euros)
melon	2	sweet	2,5€/unit (= 5 euros)

2 a Write this shopping list in English.

  b Looking only at your version of the list, say the words in Spanish.

  c Look at the Spanish list again and check.

Carnicería
4 chuletas de cordero

Pescadería
2 kilos de sardinas
¼ de gambas
1 kilo de merluza

Comestibles
100 gramos de chorizo
1 lata de olivas
1 litro de aceite
6 huevos

Panadería
2 barras de pan
3 panecillos
6 pasteles de chocolate

Vocabulario y expresiones

A

¿Cuál le pongo?	*Which one shall I give you?*
a rodajas	*in slices*
a filetes	*filleted*
chuletas (gordas/finas)	*(thick/thin) chops*
la tienda de comestibles	*the grocery store*
jamón serrano	*cured ham*
jamón york	*cooked ham*
una barra de pan	*a loaf of bread*
panecillos	*rolls*
¿Qué desea?	*What would you like?*
¿Qué le pongo?	*What can I get you?*
¿Le sirven?	*Is anyone serving you?*
Póngame/Deme . . .	*(Could you) give me . . .*
¿Qué precio tiene(n)?	*How much is it/are they?*
¿Algo más?/¿Alguna cosa más?	*Anything else?*

 1.59

3 a The person who wrote the shopping list forgot to include some items. Listen to the four dialogues, each in a different shop, and make a list of the missing items.

b Listen and write the prices of each item on the shopping list. What is the total price for each shop?

4 a *¡Ahora tú!* Listen again to the dialogues in Activity 3 and repeat the customer's part.

5 *¡Ahora tú!* Read the shop assistant part below and use the shopping list above (or write your own) to make up dialogues similar to those in Activity 3.

Dependienta:	Buenos días. ¿Qué desea?
Tú:	Deme/Póngame/Quiero . . .
Dependienta:	¿Cómo los/las prefiere?
Tú:	grandes / pequeños/as / gordos/as / finos/as / a filetes / a rodajas . . .
Dependienta:	¿Quiere algo más?
Tú:	Sí/No. ¿Precio?
Dependienta:	Son veinte euros.

c Read the transcripts of the dialogues in Activity 3 to check.

B ¿Cuánto es?

 1.60

6 a Yolanda goes shopping. Listen to the dialogue and answer these questions.

1 What does Yolanda want to buy first?
2 What size does she prefer?
3 What are reduced in price?
4 Why are they reduced?
5 What does she buy in the end?

b Listen again and repeat Yolanda's part.

C La ropa

1.61

7 Listen to Javier buying a shirt in a department store and answer these questions.

1. What colour does he want?
2. Does the assistant have the shirt he wants?
3. What can you say about the cost of the shirt?
4. What size does he take?
5. How is he going to pay?

8 Look at the chart and make sentences.

Ejemplo: **Quiero esos pantalones rojos en la talla cuarenta. Cuestan sesenta euros.**

article	colour	size	price
trousers	red	40	€60
dress	yellow	42	€40
coat	blue	44	€50
shirt	white	52	€40
jacket	green	50	€50
sweater	black	42	€60

9 ¡Ahora tú! Use the prompts to ask for these items of clothing.

Ejemplo: una camiseta / azul → **Quiero una camiseta. La quiero azul.**

1. unos pantalones / verdes
2. un vestido / rojo
3. una chaqueta / negra
4. una falda / amarilla
5. un jersey / gris
6. una camisa / rosa

1.62

10 Listen and take the part of the customer in the dialogue.

Vocabulario y expresiones

C

¿De qué color lo/la/los/las quiere? — *What colour do you want it/them?*
Lo/La quiero (verde). — *I want it/them in (green).*
Los/Las quiero (verdes).
(un modelo) parecido — *(a) similar (style)*
¿Puedo probármelo/la/los/las? — *Could I try it/them on?*
¿Qué talla utiliza? — *What size do you take?*
¿Cómo le va? — *How does it look?*
Me va bien. — *It suits me.*
en efectivo — *in cash*
rebajado/a/os/as — *reduced*
Póngamelo/la/los/las. — *I'll take it/them. (lit: Put it/them for me)*
estampado/a — *printed (fabric)*
de moda — *fashionable/in fashion*
manga corta — *short-sleeved*

D ¿Cómo es físicamente?

11 a Listen and match the descriptions (1–5) with these pictures (a–e).

b *¡Ahora tú!* Look at the pictures again and describe them.

c Listen again, check and repeat.

12 a *¡Ahora tú!* This is your family. Look at the picture and describe each person and animal.

b Listen, check and repeat.

c *¡Ahora tú!* Describe your own family.

E ¿A qué hora abre?

13 Use the table on the next page to explain the timetables to your Spanish friend.

Ejemplo: La conferenzia empieza a las siete y media de la tarde.

	starts/opens	finishes/closes
conference	19.30	21.30
film	21.15	23.30
chemist	10.00	19.00
car park	08.00	00.00 (closed all day on Sundays)

14 *¡Ahora tú!* Describe the timetables of shops, markets and offices in your own country and compare them with the Spanish ones.

Más allá

 1.65

15 a Listen to Ana Isabel talking about the markets and crafts of Guatemala and take notes in English. What does she say about each of these?

1 el Mercado Central / *the Central Market*
2 la comida y las frutas / *the food and fruit*
3 la artesanía / *the crafts*
4 Chichicastenango

  b *¡Ahora tú!* Use your notes to talk in Spanish about the markets and crafts of Guatemala.

  c Listen to Ana Isabel again and check.

  d *¡Ahora tú!* Talk about the markets in your country or town.

16 *¡Ahora tú!* Talk about yourself and about a friend or someone from your family: clothes, favourite colours, typical costume of the region or country or of a region or country that you know.

Lección 7 Repaso y ampliación

A1 Así somos

1 a ¡Ahora tú! Look at the table and talk about the four people.

Nombre	Pilar	Domingo	Marisol	Antonio	Alicia
Lugar de nacimiento	Sant Cugat (del Vallés)	Belchite	Sabadell	Cádiz	Madrid
Fecha de nacimiento	5 de septiembre	no se dice	5 de noviembre	11 de septiembre	27 de febrero
Edad	54	25	16	no se dice	33
Profesión	dependiente/a	ferroviario	estudiante	guardia urbano	doctora
Hermanos	1 hermana menor	1 hermano menor	1 hermano mayor	no se dice	4 hermanos
Hijos	1 hijo	2 hijos	ninguno	1 hijo	ninguno

Ejemplo: **Se llama Marisol. Tiene 16 años. Es de Sabadell, su cumpleaños es el 5 de noviembre...**

b ¡Ahora tú! Talk about yourself, giving the same details.

 2.01

2 a Listen to Ana Isabel talking about herself and her friends and answer these questions.

1 ¿Qué dice de su personalidad?
2 ¿Qué dice de sus hermanas?
3 ¿Qué dice de su amiga Ana?
4 ¿Qué dice de su amiga Elisa?

b ¡Ahora tú! Say what you are like physically and describe your personality. Describe your family and friends.

Vocabulario y expresiones

A
el ferrocarril	*railway*
un ferroviario	*railway worker*
un guardia urbano	*traffic police officer*
un comercio	*shop/store*
un instituto	*secondary school*
el Bachillerato	*secondary school studies*
una persona desenvuelta	*a natural, uncomplicated person*
sonriente	*smiling*
educado/a	*polite, respectful*
Se lleva bien con todo el mundo.	*She gets on with everybody.*

A2 ¡A comer!

3 a Find the names for the following in the menu below. Some of the words are translated for you.

stuffed	rellenas
fish	pescado
hors d'œuvres	entremeses
chop	chuleta
vegetables	verduras
roasted	asado
grilled	a la plancha

1. grilled beef chop
2. beef stew
3. fish soup
4. garlic chicken
5. hake (fish) with chips
6. hors d'œuvres
7. mixed fried vegetables
8. pepper steak
9. rabbit in mayonnaise
10. Russian salad
11. stuffed aubergines
12. trout with salad

MENÚ

PRIMER PLATO	POSTRE
Ensaladilla rusa	Melocotón en almíbar
Ensalada mixta	Flan
Berenjenas rellenas	Helados variados
Sopa de pollo	Helado de la casa
Sopa de pescado	Fruta
Zumo de tomate	Tarta de whisky
Entremeses	
Menestra de verduras	

SEGUNDO PLATO	BEBIDAS
Pollo al ajillo	Vino tinto (de la casa)
Pollo asado con patatas fritas	Vino blanco (de la casa)
Chuleta de ternera a la plancha	Vino rosado (de marca)
Conejo con mayonesa	Cerveza
Bistec a la pimienta	Agua mineral con gas/sin gas
Merluza con patatas fritas	Zumos
Trucha a la Navarra con ensalada	
Estofado de ternera	

b Read the menu aloud.

B De viaje

4 a Sara is doing her driving test. The examiner is giving her instructions (using the *usted* form). Look at the map and mark the route they follow.

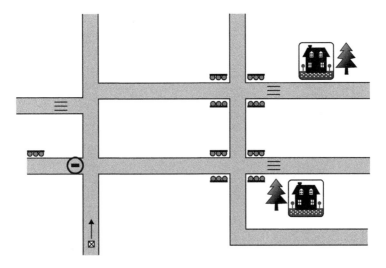

b **Sara does a few things wrong! Read the sentences and put them in the order she does them.**

a She goes through a red light.
b She is driving in the middle of the road.
c She goes down a no-entry street.
d She crashes into a tree.
e She goes over a zebra crossing while an old lady is crossing.
f She is driving on the left-hand side.

C ¿Dónde te alojas?

5 a **A guest at the hotel Pesadilla asks for his bill, but it is wrong. Listen and correct the mistakes.**

```
Nombre:                  Martínez
Total días:              5
Número de habitación:    210
Desayuno/comida/cena:    media pensión (desayuno y cena)
Restaurante:             5 cenas
Teléfono:                5 llamadas
Internet:                10 horas
```

b *¡Ahora tú!* Listen again and repeat the part of the guest.

Lección 8 ¿Qué te gusta?

A Me gusta la música

1 Talk about the food and drink you like (✓), love (✓✓), don't like (✗) or hate (✗✗). Use the table to make sentences.

Ejemplo: No me gustan las manzanas.

Use *gustar, encantar, no gustar* and *no gustar nada / odiar.*

apples	✗
bananas	✓
beer	✗ ✗
chicken	✗
chocolate	✓✓
coffee	✓✓
crisps	✓
grapes	✓
meat	✗
milk	✓✓
peaches	✓✓
sparkling water	✗
tea	✓
wine	✗

2 *¡Ahora tú! ¿Qué le gusta a tu amigo Juan?* Use the prompts to say sentences using *gustar* but this time in the third person.

Ejemplo: (A Juan) le gusta el vino blanco.

✓ bananas – eggs – white wine
✗ tea – apples – crisps – meat – sparkling water
✓✓ chocolate – peaches – cakes – black coffee – orange juice

3 *¡Ahora tú!* Say what food and drink you like, love, dislike or hate.

4 Talk about your friend Isabel. What does she like doing? Say the following sentences in Spanish.

1 She likes pop and rock music and she loves classical music.
2 She plays the piano and the guitar a bit.
3 She loves to sing; she sings well.
4 She loves dancing in clubs, but she also does classical and modern dance and a bit of flamenco.
5 She likes watching TV. She especially likes animal documentaries.
6 She reads a lot. She loves mystery books.
7 She watches DVDs at home, but she loves going to the cinema. She likes horror films and romantic films.

5 *¡Ahora tú!* Say the same sentences as in Activity 4 but use the first person:

Ejemplo: Me gusta la música, (yo) toco el piano, etc.

6 a *¡Ahora tú!* Now ask the questions, using the prompts.

Ejemplo: ¿tipo de música? → ¿Qué tipo de música te gusta?

1 ¿algún instrumento?
2 ¿cantar?
3 ¿bailar?
4 ¿la televisión?
5 ¿programas de televisión?
6 ¿el cine?
7 ¿tipo de películas?
8 ¿tipo de libros?

b *¡Ahora tú!* Talk about your likes and dislikes:

¿Qué te gusta / encanta hacer? ¿Qué no te gusta (nada) hacer?

Answer the questions in Activity 6a.

2.04

7 a Arturo and Ricardo have different likes. Listen and take notes. See how much you understand.

b Say whether these phrases refer to Arturo (A), Ricardo (R) or to both (A/R). Listen again and check.

1 ir al gimnasio   2 bailar   3 estar con sus amigos   4 estar solo   5 no estar solo
6 ir a un museo   7 la música clásica
8 leer un libro   9 la música electrónica   10 la música pop   11 salir a comer algo   12 salir a tomar una cerveza   13 salir de fiesta a las discotecas   14 ver una obra de teatro
15 las películas de terror y suspenso
16 las (películas) de acción
17 las comedias   18 no la música pop

c *¡Ahora tú!* Say what Arturo and Ricardo like and dislike doing. Check in the Answers section.

8 *¡Ahora tú!* Talk about what you and your friends like.

Vocabulario y expresiones

A

el coro	*the choir*
hago lo posible por . . .	*I do what I can to . . .*
estar acompañado de . . .	*to be accompanied by . . .*
algo por el estilo	*something like that*
disfrutar de	*to enjoy*
el género	*kind, type*
contrario a	*opposite to*
disfrutar mi soledad	*to enjoy my solitude*
películas de suspenso (Mex.) (suspense (Sp.))	*suspense films*
aborrezco (aborrecer)	*I hate (to hate, detest)*
me agrada	*I like . . .*
los opuestos se atraen	*opposites attract*

B Los datos personales

9 *¡Ahora tú!* **Practise giving personal details. Complete the table by asking the following questions.**

Nombre	
Fecha de cumpleaños	
¿De dónde es?	
Profesión	
Signo del zodíaco	
Bebida favorita	
Comida favorita	
Ropa favorita	
Color favorito	
Deporte favorito	
Animal favorito	
Le gustan las personas...	
No le gustan las personas...	

¿Cómo te llamas?
¿Cuándo es tu cumpleaños?
¿De dónde eres?
¿Cuál es tu profesión?
¿Cuál es tu signo del zodíaco?
¿Cuál es tu bebida favorita?
¿Cuál es tu comida favorita?
¿Qué ropa te gusta llevar?
¿Qué color te gusta más?
¿Qué deporte prefieres?
¿Cuál es tu animal favorito?
¿Qué tipo de personas te gustan?
¿Qué tipo de personas no te gustan?

C ¿Qué opinas de tu ciudad?

10 a Jaime and María live in the same town and talk about it. Complete the text below with the words from the box.

> tiendas   contaminación   divertido   coches   estudiar   habitantes   agradable   seco   nada   agricultura   aburrido   árboles   gente   pequeño   comprar   buena   ruido   fábrica   verano

El pueblo de Jaime y María es (**1**) _____, no hay mucha (**2**) _____, tiene unos mil quinientos o mil setecientos (**3**) _____. La gente es (**4**) _____, (**5**) _____ y simpática, y según María la gente es un poco cotilla.
El paisaje es (**6**) _____, no hay muchos (**7**) _____. Hay mucha (**8**) _____ y ganadería y hay una (**9**) _____.
Jaime dice que es muy (**10**) _____ porque no hay (**11**) _____ – no hay cine, hay pocas (**12**) _____ – pero María dice que es (**13**) _____, especialmente en (**14**) _____.
Jaime prefiere una ciudad grande para vivir porque hay muchas cosas que hacer: (**15**) _____, ir al cine. También hay más posibilidades para (**16**) _____ y para trabajar.
María prefiere el pueblo. No le gusta la ciudad porque hay demasiada gente, demasiado (**17**) _____, demasiados (**18**) _____ y demasiada (**19**) _____.

b Read the completed text aloud, then check the Answers section.

c *¡Ahora tú!* Say everything you remember from the text without looking at it. Look again and check.

11 *¡Ahora tú!* Talk about your own town or city. Give the positives and the negatives, and say where you would prefer to live and why. Use these prompts to help you.

Mi pueblo/Mi ciudad es (pequeño/a, grande, mediano/a). Tiene . . . habitantes.
La gente es . . .
El paisaje es . . .
Hay mucha (agricultura, ganadería, industria).
Es aburrido/a / divertido/a porque . . .
Prefiero vivir en una ciudad/un pueblo porque . . .
No me gusta el pueblo/la ciudad porque . . .

Vocabulario y expresiones
C

la fábrica	*the factory*
la ganadería	*cattle, livestock*
la oveja	*the sheep*
el cerdo	*the pig*
la vaca	*the cow*
la contaminación	*the pollution*
el ruido	*the noise*

D ¿Qué haces en tu tiempo libre?

 2.05

12 a Ana Isabel studies in the United States, but is from Guatemala. Listen to her talking about what she does in her daily life and in her free time. Read these sentences and say if they relate to the United States (USA), Guatemala (G), both (USA/G) or if she doesn't say where (–).

Note: La Antigua is a town in Guatemala.

Todos los días
1 En las noches estudio.
2 Me levanto más temprano.
3 Normalmente hay algún evento familiar durante el día.
4 Prefiero dormir y acostarme tarde.
5 Salgo con mis amigos.
6 Veo a mis amigas.
7 Voy a clase.
8 Voy al gimnasio.

Tiempo libre
9 Salimos a caminar.
10 Me encanta ver revistas de moda.
11 Estar descansando.
12 Me gusta leer.
13 Me quedo en mi casa.
14 Me voy a La Antigua a pasar el fin de semana.
15 Normalmente estudio.
16 Casi todas las semanas hay algún evento familiar.
17 Normalmente salgo.
18 Me gusta jugar tenis.
19 Nos gusta ir a desayunar a la Posada de don Rodrigo.

b *¡Ahora tú!* Say what Ana Isabel does every day and in her spare time. Use the third person (she) and check your verbs in the Answers section.

Ejemplo: Ana Isabel todos los días va a clase.

13 *¡Ahora tú!* Talk about what you do in your spare time every day, in the afternoon/evening and at the weekends.

Vocabulario y expresiones
D
Guate   *short version of Guatemala*

Más allá

14 *¡Ahora tú!* Do the quiz about Mexico below.

🅒 **2.06**
15 Listen to a radio programme and check your answers to the quiz.

16 *¡Ahora tú!* Look up some information and interesting facts about your country or a country that you know and talk about it.

¿Qué sabes de México?

1 México tiene _____ millones de habitantes.
   a 90 **b** 100 **c** 110
2 México tiene frontera con _____ .
   a Honduras **b** Nicaragua **c** Guatemala
3 La bebida nacional de México es _____ .
   a tequila **b** ron **c** ginebra
4 En México se descubrió el _____ .
   a chocolate **b** café **c** té
5 México tiene _____ más pequeño/a del mundo. Sólo mide doce metros.
   a el volcán **b** la catedral **c** la cueva
6 México tiene el árbol vivo más viejo del mundo. Tiene _____ años.
   a 1.500 **b** 2.000 **c** 2.500
7 Ciudad de México se construyó sobre un _____ .
   a río **b** lago **c** mar
8 México organizó los Juegos Olímpicos en _____ .
   a 1960 **b** 1964 **c** 1968

Lección 9 ¿Quieres salir?

A ¿Quieres venir al cine?

 2.07

1 a Listen to the dialogues and complete the table.

	invitation	excuse	alternative suggestion
1			
2			

b Listen again and repeat the part of A (inviting). Then listen again and repeat the part of B.

 2.08

2 a María calls Carmen. Listen and answer these questions.

1 Why does María call Carmen?
2 What does Carmen answer?
3 How are these people?
   a María
   b her daughter Elena
   c her son Carlitos
   d her husband Javier

2.09

b ¡*Ahora tú!* Take the part of *tú* in the dialogue.

Vocabulario y expresiones

A

El domingo echan *Tosca*.	On Sunday, *Tosca* is on/they are doing *Tosca*.
Estoy agotado/a.	I'm exhausted.
un gato tan cariñoso	such an affectionate cat
una pena	a shame
¡Vaya!	Oh no! (to express sympathy or disappointment)

B Consejos

 2.10

3 a Listen to the eight short dialogues and answer these questions in English for each dialogue.

1 What is the problem?
2 What is the advice?

b Listen again and repeat the part of A (the problem), then the part of B (the advice).

c ¡*Ahora tú!* Read the advice you wrote in Activity 3a and give it in Spanish. Use *tener que* o *deber*. Then listen to the dialogues again and check.

4 a Read the diary from a magazine giving advice to people who are looking for a job. Complete this diary in Spanish with the advice and activities it recommends.

Weekdays		Entre semana
07:00–07:30	Get up early	Levantarse pronto
07:30–08:00	Do some exercise	
08:00–09:00	Read job ads	
09:00–10:00	Send letters and CV	
10:00–13:00	Do voluntary work	
13:00–15:30	Have lunch with friends	
16:00–17:30	Study something at home	
18:00–20:00	Go to language and IT classes	
20:30–22:00	Go out with friends	
22:00–00:00	Dinner, read, watch TV	
Weekends	Do sport, walk in the park	**Fin de semana**

b *¡Ahora tú!* Read the diary that you have completed in Spanish and give the advice. Look at the Answers section to check.

Ejemplo: Tienes que levantarte pronto.

Vocabulario y expresiones

B

el anuncio de trabajo	*job ad*
voluntario	*voluntary*
Informática	*IT*
las clases de idiomas	*language classes*

C Voy a cenar en un restaurante

 2.11

5 a Listen to two friends, Mari Carmen and Curro, making a date to go out. Look at Mari Carmen's diary below. Some of her arrangements for the week are already filled in. Make a note of the other days and times when she is busy. When and where do they agree to meet?

NOVIEMBRE			
lunes 3	**miércoles 5**	**viernes 7**	**domingo 9**
clases todo el día 6 – dentista deberes	clases 9–1	clases 9–1	
martes 4	**jueves 6**	**sábado 8**	
clases mañana 9–1	clases todo el día		

b Listen again and repeat the part of Curro.

2.12
6 *¡Ahora tú!* Take the part of *tú* in the dialogue.

2.13
7 a Listen to two people discussing how to spend an evening out together. You will hear them expressing likes and dislikes. Complete this chart, using a tick for likes and a cross for dislikes. Where do they decide to go?

b *¡Ahora tú!* Listen again and repeat the part of Javier.

	disco	restaurant	theatre	ice-skating	cinema
Yolanda					
Javier					

2.14
8 *¡Ahora tú!* Take the part of *tú* in the dialogue.

9 *¡Ahora tú!* Invite your friend. Say these sentences in Spanish.

1 What shall we do?
2 Where shall we go?
3 Would you like to go for dinner in a restaurant?
4 Why don't we go dancing?
5 Do you fancy going to the theatre?
6 Let's go to the cinema.

D Vamos al cine

10 *¡Ahora tú!* You are buying tickets for a film. Read the dialogue and say the part of the client in Spanish. Check the Answer key.

1 Tú: *Ask 'Are there any tickets for the nine o'clock performance, please?'*
   Empleada: Sí, sí, hay. Pero empieza a las nueve y cuarto.
   Tú: *Say 'Can you give me two.' Ask 'Are they numbered?'*
   Empleada: Sí, son numeradas. ¿Dónde las quiere?
   Tú: *Say 'In the rows towards the back, please.'*
   Empleada: Bien, aquí tiene.
   Tú: *Thank her and ask 'How much is that?'*
   Empleada: Son veinte euros.
2 Tú: *Say 'Two tickets for tomorrow's concert, please, in a good place.'*
   Empleado: Mire, éstas están muy bien situadas.
   Tú: *Say 'It starts at seven thirty, doesn't it?'*
   Empleado: No, empieza a las siete.
   Tú: *Ask 'How long is it?'*
   Empleado: Dos horas y media.

11 Write dialogues for different kinds of events with the information from this table. Then say them aloud.

	1 disco	2 concert	3 football
number of tickets	2	2	1
other ticket information	-	good place	in the stands
start time	11 p.m.	7 p.m.	4.30 p.m.
finish time	6 a.m.	9.30 p.m.	

Vocabulario y expresiones

C y D

A ver si quedamos para salir.	*Let's see if we can arrange to go out.*
¿Te va bien?	*Does it suit you?*
las filas de atrás	*the rows towards the back, the back rows*
un buen sitio	*a good place (good seats)*
la madrugada	*early hours of the morning*
la tribuna	*the stand (in a stadium)*
Me toca a mí.	*It's my turn.*

Más allá

 2.15

12 a Listen to Rosa and Carlos talking about a film they have seen and match each person (1–5) with their role in the film production (a–e).

1 Daniel Monzón
2 Francisco Pérez
3 Luis Tosar
4 Alberto Ammann
5 Carlos Bardem

a el "Malamadre", un preso muy peligroso
b un preso colombiano
c el escritor
d el director
e Juan, un funcionario de prisiones

b Listen again and put the expressions in the order in which you hear them. Who says each one, Rosa (R) or Carlos (C)?

a ¡Es una historia terrible!
b Dicen que es muy buena ...
c Es excelente.
d ¡Qué tensión!
e Es muy bueno.
f Es una película dura, pero buenísima.
g La historia es una pesadilla.
h Es fantástico.
i La verdad es que sí es muy fuerte.
j ... pero muy fuerte y violenta.
k Es de acción, de intriga.

13 a *¡Ahora tú!* **Say everything you know about the film *Celda 211*.**

   b *¡Ahora tú!* **Talk about a film you like.**

14 a *¡Ahora tú!* **Do this quiz about Spanish cinema.**

   1 Antonio Banderas es de . . .
      a Barcelona. **b** Madrid. **c** Málaga.
   2 La primera película de Antonio Banderas en Hollywood es . . .
      a *Los reyes del mambo.* **b** *La máscara del Zorro.* **c** *Evita.*
   3 Javier Bardem es el protagonista de la película . . .
      a *Es un viejo país.* **b** *No es país para viejos.* **c** *Es un hombre viejo.*
   4 Penélope Cruz hizo su primera película con . . .
      a Antonio Banderas.
      b Almodóvar. **c** Javier Bardem.
   5 Esta película se llama . . .
      a *Pan con jamón.* **b** *Jamón, jamón.* **c** *Jamón y queso.*
   6 Almodóvar es el director de la película:
      a *Volver.* **b** *Volver a empezar.* **c** *Un ataque de nervios.*
   7 *La comunidad* es una película de . . .
      a Julio Iglesias. **b** Alex de la Iglesia. **c** Isabel Iglesias.
   8 La protagonista de *La comunidad* es . . .
      a Nicole Kidman. **b** Carmen Sevilla. **c** Carmen Maura.
   9 Luis Buñuel, director español muy importante del cine mundial, es de . . .
      a Andalucía. **b** Cataluña.
      c Aragón.
   10 Los premios más importantes del cine español se llaman los . . .
      a Goya. **b** Picasso. **c** Velázquez.

   b **Check your answers to the quiz. Say the sentences out loud.**

Lección 10 ¿Adónde vamos?

A Un billete de ida y vuelta, por favor

2.16

1 a Isabel is going from Zaragoza to Málaga with her friends. Listen to the dialogue in the station and answer these questions.

1 ¿Cuántos trenes hay para Málaga mañana?
2 ¿A qué hora sale el Intercity?
3 ¿Cuál es el tren que va más despacio?
4 ¿ Cuál es el tren más barato?
5 ¿Cuánto tiempo tarda el AVE en llegar a Málaga?
6 ¿Cuántos billetes quiere?
7 ¿Qué tipo de billete quiere?
8 ¿A qué hora sale el AVE de Málaga el domingo?

  b *¡Ahora tú!* Listen to the dialogue again and repeat Isabel's part.

2.17

2 *¡Ahora tú!* Listen and take the part of *tú* in the dialogue.

3 Listen to four train announcements and answer these questions in English.

1 a Where has this train come from?
  b Where is it going?
  c Which platform is the train on at the moment?
  d When will it leave?
  e What other information is given?
2 a What kind of train is it?
  b Which platform is the train on at the moment?
  c When will it leave?
3 a Where is this train going?
  b How late is the train?
  c When will it arrive at the station?
4 a What kind of train is this?
  b Where is it going?
  c When will it arrive at the station?
  d What platform is the train arriving at?

4 a *¡Ahora tú!* You want information about several trains. Ask the employee these questions in Spanish.

1 You want to go to Bilbao this afternoon. Ask if there is a train and what time it leaves.
2 You are meeting a friend off the Talgo from Valencia. Ask what time it arrives.
3 There are two trains from Barcelona this afternoon. Ask what time they arrive, and which one is the AVE.
4 You are meeting a friend off the train from Córdoba, but the train is not there. Ask if it is delayed, and how delayed it is.
5 Ask which platform the AVE train leaves from.
6 Ask how long the AVE stops at the station.

5 a Listen to the dialogue and choose the correct answers.
1 Luis quiere ir a la . . .
   a calle Roma.   b ciudad de Roma.
   c plaza de Roma.
2 Quiere ir . . .
   a a pie.   b en tren.   c en autobús.
3 Tiene que tomar el autobús porque el lugar está . . .
   a muy cerca.   b muy lejos.
   c fuera de la ciudad.

4 Si va a pie llegará dentro de . . .
   a media hora.   **b** una hora y unos minutos.   **c** una hora menos unos minutos.
5 Tiene que tomar los autobuses . . .
   a 26 y 27.   **b** 23 y 26.   **c** 23 y 27.
6 La parada está . . .
   a al lado, a la derecha.
   b al otro lado de la calle, a la izquierda.
   c al otro lado de la calle, a la derecha.

b Listen again and repeat the part of Luis.

c *¡Ahora tú!* **How do you ask these questions in Spanish? Listen again and check.**

1 Is Roma Square near?
2 Can you walk?
3 What bus do I have to take?
4 Do you know where the bus stop is?

Vocabulario y expresiones

A

Compruebe los datos.	*Check the information.*
un asiento	*a seat*
Lleva retraso.	*It's delayed.*
¿Cuánto retraso lleva?	*How much is it delayed by?*
procedente de	*arriving from*
con destino a	*going to*
¿Cuánto tarda en llegar?	*How long does it take to get there?*
recorrer	*to drive/travel around*
el recorrido	*route*
sacar un billete	*to get/buy a ticket*

Note: On Spanish trains, *primera clase* is now normally called *clase preferente* and *segunda clase* is now normally called *clase turista*. On the AVE there is also a *clase Club*, which is better than *clase preferente*.

B El futuro

6 **a** *¡Ahora tú!* **Carlos is making plans. Complete the sentences with words from the box.**

Veré   Compraré   Me divertiré
Estudiaré   Ganaré   Viajaré
Tahajaré   Iré

Mis planes de este año
1 _____ en mi empresa.
2 _____ al extranjero.
3 _____ idiomas.
4 _____ mucho dinero.
5 _____ al gimnasio.
6 _____ a mi familia.
7 _____ un coche nuevo.
8 _____ mucho en mi tiempo libre.

b *¡Ahora tú!* **Tell your friend about Carlos's plans.**

Ejemplo: **Carlos dice que trabajará en su empresa . . .**

2.20

7 **a** **Listen to Ricardo and answer these questions.**

1 What plans does he have for this year?
2 What plans does he have for the holidays?
3 What plans does he have for the future?

b *¡Ahora tú!* **Ask Ricardo these questions in Spanish, then listen to Ricardo again and check.**

1. What plans do you have for this new year?
2. Will you return to Mexico?
3. What will you do in the summer holidays?
4. How long will you stay there?
5. What will you do in the future?
6. What kind of work will you do?

8. *¡Ahora tú!* Talk about Ricardo's plans in Spanish. Complete the text below using the future form of the verbs in the box. You can use one verb more than once.

trabajar	divertirse	graduarse
volver	regresar	ir	continuar
vivir	pasar		

Este año Ricardo (1) _____ sus estudios de política y (2) _____ el año que viene.
(3) _____ a México para las vacaciones de verano, pero (4) _____ a Londres para estudiar.
En las vacaciones de verano (5) _____ a la playa, (6) _____ con sus amigos y con su familia. (7) _____ dos o tres meses en México.
En el futuro (8) _____ y (9) _____ en Londres, o en Europa.
(10) _____ en algo relacionado con la política, o en un banco o compañía grande.

9. *¡Ahora tú!* Talk about the plans you have for this year, for your holidays and for the future.

C ¿Qué harás mañana?

2.21

10 **a** Listen to Isabel's phone messages and complete the table in Spanish.

Mensaje	Lugar	Actividad	Día	Hora	Otros detalles
1 José					
2 Susana					
3 Pedro					
4 Elena					

b *¡Ahora tú!* Look at the table and give the messages to Isabel. Then check in the Answers section for the necessary changes.

Ejemplo: Hay un mensaje de José, mañana va a ir al gimnasio. Irá a las diez de la mañana…

11 *¡Ahora tú!* Say what Isabel and her friends will do over the next few days, based on the table in Activity 10a. Use *ellos* (they). Check your version with the Answers section.

12 *¡Ahora tú!* Prepare your diary and say what you will do this week and at the weekend.

Más allá

13 *¡Ahora tú!* You are talking to your friend about your favourite method of transport. Read the dialogues and say the part of *tú* in Spanish. Check in the Answer section.

1 Amigo/a: ¿Cuál es tu medio de transporte favorito?
   Tú: *Say 'I like travelling by plane.'*
   Amigo/a: ¿Por qué?
   Tú: *Say 'Because it's quicker.'*
   Amigo/a: ¿Y por la ciudad?
   Tú: *Say 'I prefer the bike because it's fast and ecological.'*
   Amigo/a: Pero hay mucho tráfico, ¿no?
   Tú: *Say 'Yes, sometimes it's a bit dangerous.'*
2 Amigo/a: ¿Qué medio de transporte te gusta?
   Tú: *Say 'I like the car, but I can't drive.'*
   Amigo/a: ¿Por qué prefieres el coche?
   Tú: *Say 'Because it's comfortable and I can travel when I want.'*
   Amigo/a: Y en la ciudad, ¿qué medio de transporte te gusta más?
   Tú: *Say 'I like the bus because it's cheap.'*

14 *¡Ahora tú!* **What is your favourite form of transport? What transport don't you like? Talk about the advantages and disadvantages of the different methods of transport:** *coche, autobús, avión, bicicleta, moto, barco.*

   Use the dialogues from Activity 13 to help you.

2.22

15 a **You have just arrived in Cuba on holiday. Listen to the guide describing some of the trips you will go on and note down on which trip (A, B or C) you will do each of the things listed in the right-hand column.**

A La Habana especial
B Guamá especial
C Safari en jeep

1 Tendrás que vestirte de manera diferente para salir por la noche.
2 Irás en un vehículo todo-terreno.
3 Irás a las tiendas.
4 Verás unos animales muy peligrosos.
5 Irás a un pueblo muy antiguo.
6 Montarás en un animal.
7 Comerás marisco.
8 Escucharás música.
9 Nadarás en la playa.
10 Volverás al hotel por la noche.
11 Viajarás por el agua.
12 Probarás la comida típica.

b **Listen again, take notes and write a summary of the activities for each trip in English.**

c **What will you do tonight?**

d *¡Ahora tú!* **Look at your notes for Activity 15b and tell your friend in Spanish what you will do on your trips. Listen again and check.**

16 *¡Ahora tú!*

a **Talk about the trips. Which is your favourite? Which activities do you prefer to do? Why?**

b **Talk about a trip you plan to do.**

Lección 11 ¿Qué tiempo hace?

A El tiempo

 2.23

1 a Listen to the telephone conversation and answer these questions.

1. Where is Javier?
2. What is the weather like in the mountains?
3. What does Javier say about the weather?
4. What will Javier do tomorrow?
5. What is the weather like in Malaga?
6. What does Rosa do every day?
7. What will the weather be like tomorrow?

2 *¡Ahora tú!* Talk to your friend about Javier and Rosa. Tell him/her where they are, what the weather is like and what they are doing.

 2.24

3 Listen and take the part of *tú* in the dialogue.

4 *¡Ahora tú!* Tell your friend what the weather is like in your town during each season.

Ejemplo: En verano hace mucho calor.

B El tiempo en el mundo

5 *¡Ahora tú!* Read the weather report and tell your Spanish friend what the weather is like today and tomorrow in these cities. Make sentences in Spanish.

Ejemplo: En París llueve hoy, pero mañana hará viento.

		today	tomorrow
1	París	raining	windy
2	Londres	foggy	raining
3	Dublín	cold	overcast
4	Moscú	snowing	very cold
5	Roma	windy	sunny
6	Barcelona	hot	stormy
7	Madrid	sunny	foggy
8	Berlín	overcast	snowing
9	Atenas	stormy	hot

Vocabulario y expresiones

A y B

la primavera.	*spring*
el verano	*summer*
el otoño	*autumn*
el invierno	*winter*
temperaturas suaves	*warm temperatures*
el buen tiempo	*good weather*
la niebla	*fog*
Está cubierto	*It's overcast*

C Por teléfono

 2.25

6 Michael is staying with a Spanish family. While the family is out, the telephone rings on three occasions. In each case, Michael is asked to take a message. Write down each message in English.

🔘 2.26

7 *¡Ahora tú!* Listen and take the part of *tú* in the two dialogues. Leave messages for María. Start with: *Dile que...* Tell her that....

Vocabulario y expresiones

C

Diga./Dígame.	*Hello? (on phone (Sp.))*
¿Bueno?/¿Hola?/¿Aló?	*Hello? (on phone (L.Am.))*
Se ha equivocado de número.	*You've got the wrong number. (Sp.)*
Está equivocado.	*You've got the wrong number. (L. Am.)*
¿Puedo dejar un recado?	*Can I leave a message?*
¿De parte de quién?	*Who's calling?*

D ¿Qué estás haciendo?

8 *¡Ahora tú!* Use these prompts to tell Isabel what you are doing and invite her to join you.

1 desayunar / cafetería Sol / ¿desayunar conmigo?
   Estoy desayunando en la cafetería Sol, ¿vienes a desayunar conmigo?
2 comer / restaurante Pepe / ¿comer conmigo?
3 jugar al tenis / centro deportivo / ¿jugar conmigo?
4 sacar entradas / cine / ¿venir conmigo?
5 mirar horarios / autobuses a Madrid / ¿ir conmigo?
6 hacer / cena / ¿cenar conmigo?

 2.27

9 **Listen to two telephone conversations and answer these questions.**

1 a Where is María?
   b What does she ask Juan?
   c What does Juan prefer? Why?
   d What does María say?
2 a What does María ask Ana?
   b What does Ana say to her?
   c What does Ana suggest that she do?
   d Why can't María do this?

 2.28

10 *¡Ahora tú!* **Listen and take the part of *tú* in the dialogues.**

Más allá

 2.29

11 **Listen to Ricardo talking about the climate in Mexico and complete these sentences.**

1 El clima de México es _____ porque es un país bastante _____ .

2 En el norte suele ser más _____ y es bastante _____ en verano.
3 En el sur es _____, _____ y bastante _____.
4 En el centro el clima es _____ y a la vez _____, y suele oscilar entre muy _____ y muy _____.
5 En León, la ciudad de Ricardo, la temperatura llega tal vez a los _____ o _____ grados.

b Listen again and answer these questions.

1 ¿Hay montañas o playas cerca de su ciudad?
2 ¿Dónde está León?

12 a *¡Ahora tú!* Talk about the weather in Mexico. Check with the sentences in Activity 11.

b *¡Ahora tú!* Talk about the climate in your country.

2.30

13 a **Listen to Ana talking about what she is doing at the moment and choose the correct answers.**

1 a Está estudiando este año.
   b Va a estudiar este año.
   c No estudia este año.
2 a Este año trabaja y estudia.
   b Trabaja pero no estudia.
   c Estudia solamente.
3 a Está ganando mucho dinero.
   b Está ahorrando poco dinero.
   c Está ahorrando mucho dinero.
4 a Está viajando mucho.
   b No está viajando nada.
   c Está viajando un poco.
5 Viaja en:
   a tren. b avión. c coche.

b *¡Ahora tú!* Talk about what Ana is doing at the moment. Use the information from Activity 13a to help you.

c *¡Ahora tú!* Talk about what you are doing at this moment in your life.

2.31

14 a Listen to Isabel talking to her sister, Tessa, and complete this table.

	What is Isabel doing?	What does she ask Tessa?	What excuses does Tessa give her?
1			
2			
3			
4			
5			
6			

b Listen again and repeat the parts of Isabel and then of Tessa.

2.32

15 *¡Ahora tú!* Listen and take the part of *tú* in the five dialogues.

Lección 12 ¿Qué hiciste?

A ¿Qué hiciste ayer?

1 *¡Ahora tú!* Say what Juan did by completing this text. Use the words in the box.

volvió	fue	se durmió	comió
descansó	~~tuvo~~	se levantó	fue
cenó	vio	trabajó	volvió
se acostó	fue		

Ayer Juan (1) <u>tuvo</u> un día normal.
(2) _____ pronto y (3) _____ a trabajar.
(4) _____ sólo por la mañana, (5) _____ en una cafetería y por la tarde (6) _____ al dentista. Después (7) _____ a casa y (8) _____ un rato y entonces (9) _____ al gimnasio. (10) _____ del gimnasio y (11) _____ con su familia. (12) _____ una película en la tele y (13) _____ temprano y (14) _____ en seguida.

2.33
2 a Listen to the dialogue between Isabel and her friend. Complete Isabel's diary.

Agenda

Miércoles
08:00 me levanté, desayuné
09:00 _____
10:00 _____
11:00 _____
14:00 _____
16:00 _____
19:00 _____
21:00 _____
23:00 _____

Jueves
03:00 _____

b *¡Ahora tú!* Say what Isabel did yesterday. Use her 'agenda'. Then check in the Answers section.

2.34
3 *¡Ahora tú!* Listen and take the part of *tú* in the dialogue.

4 a *¡Ahora tú!* Ask these questions in Spanish, then check.

1 What did you do?
2 Where did you go?
3 Why did you have the day free?
4 What time did you get up?
5 Did you study a lot?
6 How long did you study?
7 When did you go shopping?
8 Did you buy many things?
9 Who did you go to the cinema with?
10 Did you go out in the evening?
11 What time did you go to bed?
12 Did you have a good time?

b *¡Ahora tú!* Say what you did yesterday.

B ¿Dónde estuviste?

5 *¡Ahora tú!* Your friend went on holiday. Using the verbs *ir*, *estar* and *hacer*, prepare some questions in Spanish which begin as follows:

• ¿Cuándo . . . ? • ¿Cuánto tiempo . . . ?
• ¿Cómo . . . ? • ¿Dónde . . . ? • ¿Qué . . . ?

6 *¡Ahora tú!* You are talking about past holidays. Read the dialogue and take the part of *tú* in Spanish. Check in the Answer key.

Amigo: ¿Cuándo fuiste a los Alpes?
Tú: *Say 'I went in March with a group of friends.'*
Amigo: ¿Cuánto tiempo estuviste allí?

Tú:	*Say 'I was there for a week.'*	Amigo:	*¿Sí? ¿Qué más hiciste?*
Amigo:	*¿Cómo fuiste?*	Tú:	*Say 'I went on a sledge, swam in the hotel pool and went to a disco.'*
Tú:	*Say 'I went by coach and the journey took twenty-eight hours.'*	Amigo:	*¿Tuviste alguna aventura especial?*
Amigo:	*¿Dónde estuviste?*	Tú:	*Say 'Yes, I fell and twisted my ankle.'*
Tú:	*Say 'I was in a four-star hotel.'*		
Amigo:	*¿Pero, sabes esquiar?*	Amigo:	*Pero, lo pasaste bien, ¿no?*
Tú:	*Say 'Yes, I had classes with a fantastic teacher.'*	Tú:	*Say 'Yes, of course, I had a great time.'*

2.35

7 a Listen to Alicia talking about her holiday in Egypt and complete this travel agency form.

Vacaciones

País: _____

Fechas: _____

Medios de transporte: _____

Lugares visitados: _____

Número de personas: _____

Viaje organizado por: _Caja de Ahorros (Zaragoza)_

Alojamiento: _____

---

b Listen again and answer these questions in English.

1 What did she like most about the journey?
2 What does she say about Cairo?

c *¡Ahora tú!* Read Alicia's responses and say the corresponding question.

1 A Egipto.
2 El 23 de noviembre.
3 Fuimos a ver lo que existe, que hay mucho en Egipto.
4 Casi no te podría decir, yo creo que todo, todo.
5 Fuimos en grupo.
6 Fuimos un grupo de cien personas.
7 Estuve en una motonave que van por el Nilo y luego después en El Cairo en un hotel.

d Listen again and check.

8 *¡Ahora tú!* Use the information from Activity 7 and talk about the journey Alicia and her husband made. Use the plural form *ellos (they).*

Ejemplo: **Alicia y su marido . . .**

Lección 12 ¿Qué hiciste?

9 *¡Ahora tú!* Talk about a journey you have made. Answer these questions in Spanish.

¿Adónde/Cuándo fuiste?
¿Cuánto/Dónde/Con quién/Cuánto tiempo estuviste?
¿Qué hiciste?
¿Qué lugares visitaste?
¿Qué es lo que más/menos te gustó?

C Ésta es mi vida

 2.36

10 a Listen to Ricardo talking about the many places he has lived and put the places in chronological order. Some places are mentioned more than once.

México
Luxemburgo
Londres
Irlanda
Canadá (Quebec)

b Say in English what Ricardo did in each place.

c Listen again and answer these questions.

1 Where are his parents from?
2 Why has his family travelled so much?
3 What is *la Preparatoria*?
4 What do his sisters do?

 2.37

11 a Listen to a summary of Ricardo's life.

b *¡Ahora tú!* Talk about Ricardo's life.

c Listen again and check.

12 *¡Ahora tú!* Talk about your own life. Answer these questions.

¿Cuándo y dónde naciste?
¿Cuándo y dónde fuiste a la escuela?
¿Cuándo y dónde empezaste a trabajar/a estudiar en la universidad?
¿Qué hiciste después?

Vocabulario y expresiones
A, B y C

un rato	*a short time*
en seguida	*straight away*
quedarse (en casa)	*to stay (at home)*
¿Qué tal lo pasaste?	*How did you get on?*
(un día) ajetreado/a	*(a) busy, tiring (day)*
Me torcí el tobillo.	*I twisted my ankle.*
Menos mal (que pasó el último día).	*It's just as well (it happened on the last day).*
Lo pasé fenomenal.	*I had a fantastic time.*
por lo cual (no puedes verlo)	*that's why (you can't see it)*
una motonave	*motorboat*

Más allá

13 a *¡Ahora tú!* Goya is a famous Spanish painter. Do this quiz to find out how much you know about him.

---

1 Goya nació en:
 a 1846. **b** 1746. **c** 1546.
2 Goya nació en:
 a Argentina. **b** Venezuela. **c** España.
3 Empezó a pintar:
 a a los 20 años. **b** antes de los 12 años. **c** a los 40 años.
4 Goya pintó cuadros para:
 a el rey de España. **b** los amigos. **c** el presidente de Argentina.
5 Pintó cuadros:
 a de muchos temas. **b** sólo de guerra. **c** religiosos.
6 Goya se quedó:
 a cojo. **b** ciego. **c** sordo.
7 Murió en:
 a España. **b** Argentina. **c** Francia.
8 Murió el año:
 a 1628. **b** 1828. **c** 1928.
9 Murió a los:
 a 92 años. **b** 62 años. **c** 82 años.

---

b Find out more about Goya and make up a summary about his life. Check the Answer key.

c *¡Ahora tú!* Talk about Goya using the information.

d *¡Ahora tú!* Find information about another famous person and talk about them.

14 a *¡Ahora tú!* In which year did these famous events take place or start? Choose dates from the box.

| 1957 | 1936 | 1924 | 1936 | 1969 |
| 1992 | 1989 | | | |

1 El muro de Berlín cae
2 El primer hombre llega a la luna
3 La guerra civil española empieza
4 Los Juegos Olímpicos de Barcelona se celebran
5 Los primeros Juegos Olímpicos de invierno tienen lugar
6 La segunda guerra mundial comienza
7 La Unión Soviética lanza el primer cohete espacial

b *¡Ahora tú!* Say when the above events took place. Make sentences in the past.

Ejemplo: El muro de Berlin cayó en 1989.

15 *¡Ahora tú!* Prepare a radio programme about events in your city and country and talk about them.

2.38

16 a Listen to Arturo talking about different holidays he had last year. Take notes in English about what he did . . .

1   in his summer holidays.
2   at Christmas.

b *¡Ahora tú!* **Talk about what Arturo did in his holidays. Use the third person.**

Ejemplo: En las vacaciones pasadas trabajó . . .

17 *¡Ahora tú!* **Talk about some interesting holidays you have had.**

Lección 13 ¿Qué te pasa?

A ¿Qué te pasa?

2.39

1 a Listen to the dialogue and answer these questions.

1 What is hurting Pedro?
2 What other symptoms does he have?
3 What does the doctor say to him?
4 What problem does Pedro have?
5 How many days does he have to stay at home?

  b *¡Ahora tú!* Repeat the part of Pedro in the dialogue.

2 a Make up sentences with *me duele* or *me duelen* for each of these parts of the body.

Ejemplo: garganta → Me duele la garganta.

1 la garganta   2 el pecho   3 la cabeza
4 los brazos   5 las piernas   6 el cuello
7 los ojos   8 la mano   9 el brazo   10 los pies   11 el estómago   12 la espalda
13 la muela   14 los dientes   15 la rodilla

2.40

3 Listen to a conversation between the doctor and Gustavo and write down:

1 two of his symptoms.
2 how long he has had the symptoms.
3 the doctor's diagnosis.
4 the doctor's prescription.
5 two pieces of advice.

2.41

4 *¡Ahora tú!* Listen and take the part of *tú* in the dialogues. Note that the doctor uses the *usted* form.

5 a *¡Ahora tú!* Write down a list in Spanish of things you can buy in a chemist.

  b Say sentences. Ask for all the things in the chemist's.

Ejemplo: Por favor, quiero unas pastillas (para la garganta).

Look at Lección 6 Section A *De compras* to help you.

6 a *¡Ahora tú!* Say these sentences in Spanish.

1 I have a sore throat.
2 Do you have anything for a sore throat?
3 A packet of strawberry-flavoured sugar-free chewing gum.
4 Can you give me some tablets for travel sickness?
5 An ointment for burns and some plasters.

  b Check the answers in the Answer key and repeat.

Vocabulario y expresiones

A

Me duele todo el cuerpo.	*My whole body aches.*
un cataro/un resfriado	*a cold*
la tos	*cough*
la grige	*flu*
meterse en la cama	*go to bed*
la garganta irritada	*sore throat*
el mareo	*travel sickness*
las tiritas	*plasters*
el chicle	*chewing gum*
una pomada	*ointment*

B ¿Qué te ha pasado?

 2.42

7 Isabel has to go to the A&E department (*Urgencias*) at the hospital. Listen to the dialogue and complete the form.

Hospital del Carmen

Paciente: Isabel Martín
Motivo de consulta: _____
Enfermedad: _____
Tratamiento: _____
Consejos: _____
Alergias: _____

8 *¡Ahora tú!* Listen to the dialogue again and repeat the part of Isabel.

Vocabulario y expresiones

B

la muñeca	*wrist*
un esguince	*sprain*
la escayola	*plaster (for broken bones)*
los rayos X	*X-rays*
recetar	*to prescribe*
un golpe	*a bump, blow*

C ¿Dónde has estado?

 2.43

9 Listen to María talking about how she has spent her day and what she has done. Take notes in English.

10 *¡Ahora tú!* Read your notes for Activity 9 and say what happened to María today. Use the third person, *ella* (she).

Ejemplo: Esta mañana María se ha levantado...

11 *¡Ahora tú!* Talk about what you have done today.

 2.44

12 a Listen to Alberto, Marta, Fernando, Susana and Carmen talking about how the past year has been for them and answer these questions.

Who has...
1 bought a new car?
2 visited fantastic places?
3 finished his/her studies?
4 found a job whilst studying?
5 written a book?
6 gone to live in another city?
7 got divorced?
8 got married?
9 had a baby?
10 had a bad year?
11 looked for work?
12 lost his/her job?
13 not had any holidays?
14 rented a bigger flat?
15 travelled a lot?

b *¡Ahora tú!* Say what each person has done in Spanish. Use the third person.

Ejemplo: Alberto ha encontrado un trabajo,...

13 *¡Ahora tú!* Say what you have done in the last year and what a member of your family or one of your friends has done.

Vocabulario y expresiones

C

Me he quedado en casa.	*I stayed at home.*
Me he cambiado de ropa.	*I've changed my clothes.*
a partir de ese momento	*from that moment on.*
El día se ha estropeado.	*The day went wrong.*
encima	*on top of that*

D He perdido la maleta

 2.45

14 Listen to three people enquiring about something they have lost. Complete the details and indicate whether it has been found or not.

1 Object: <u>gloves</u>
   Colour: _____
   Material: _____
   Where lost: _____
   Found?: _____

2 Object: _____
   Colour: _____
   Material: _____
   Where lost: _____
   Found?: _____

3 Object: _____
   Colour: _____

   Material: _____
   Where lost: _____
   Found?: _____

2.46

15 *¡Ahora tú!* **Listen and take the part of *tú* in the two dialogues.**

Vocabulario y expresiones

D

dorado	*gold (colour)*
de oro	*(made of) gold (material)*
un colgante	*pendant*
He perdido unos guantes.	*I've lost some gloves.*
No hay de qué.	*Don't mention it.*

E En la comisaría

16 *¡Ahora tú!* **Take the part of someone reporting a theft and respond to the questions the police ask.**

- ¿Qué le pasa?
- ¿Dónde ha sido?
- ¿A qué hora ha sido?
- ¿Cómo ha ocurrido?
- ¿Sabe quién ha sido?

a
Time   10.30 a.m.
Place restaurant
What   wallet
How   taken from pocket
Who   not sure

b
Time   10 p.m.
Place bar
What   black leather handbag
How   taken from chair/table
Who   two men

c
Time   11 a.m.
Place street
What   purse
How   taken from bag
Who   young man

d
Time   10 a.m.
Place shop entrance
What   black plastic wallet
How   taken from pocket
Who   doesn't know

e
Time   11 a.m.
Place bus
What   wallet
How   taken from handbag
Who   doesn't know

  b **Check your answers in the Answer key.**

Más allá

17 a *¡Ahora tú!* Write a list of the parts of the body in Spanish that you remember.

2.47

18 Listen to a radio programme with Doctor Torres. Which sports are good for which parts of the body? Complete the table.

Sport	Part of the body

2.48

19 a Listen to a news broadcast about a robbery and answer these questions.

1 Where did the robbery take place?
2 What did the robbers take?
3 Who described the robbers?
4 Who was waiting for them, and where?

b *¡Ahora tú!* Write some notes in English describing the two thieves.

c *¡Ahora tú!* Look at your notes and describe the two thieves in Spanish. Listen again and check.

2.49

20 Listen and repeat this tongue twister.

Me han dicho que has dicho un dicho,
un dicho que he dicho yo;
ese dicho que te han dicho
que yo he dicho, no lo he dicho;
y si yo lo hubiera dicho,
estaría muy bien dicho
por haberlo dicho yo.

Lección 14 Repaso y ampliación

A Tiempo libre

🎧 2.50
1 a Listen to a dialogue with Manolo. What are his hobbies? What does he do in his spare time?

🎧 2.51
b Listen to Ana Rosa and complete this paragraph. Listen again and check.

Mi tiempo libre pues lo empleo en (**1**) _____ música, (**2**) _____ la televisión, (**3**) _____ , (**4**) _____ . Me gusta la música pop; los (**5**) _____ que más me (**6**) _____ son los de misterio, (**7**) _____ , y cuando voy al cine, pues me (**8**) _____ las películas de (**9**) _____ , de (**10**) _____ y (**11**) _____ . Los domingos por las mañanas (**12**) _____ siempre a misa, después (**13**) _____ a tomar (**14**) _____ y por la tarde pues (**15**) _____ a dar una (**16**) _____ , por el cine o a (**17**) _____ cosas por ahí.

2 *¡Ahora tú!* Talk about what you do in your spare time every day, in the afternoon/evening and at the weekends.

> *Vocabulario y expresiones*
>
> **A**
> todo lo que sea buena música — *everything you might call good music*
> dedicarse (a) — *to do, to like doing*
> Me dedico a la música. — *I spend my time listening to music.*
> de vez en cuando — *from time to time*

B Mi ciudad

 2.52

3 a Listen to María talking about her journey to London and answer these questions.

1 ¿Cuándo fue a Londres?
2 ¿Cuánto tiempo estuvo allí?
3 ¿Con quién estuvo en Londres?
4 ¿Qué hizo en Londres?
5 ¿Qué lugares visitó?
6 ¿Qué es lo que más le gustó?
7 ¿Qué es lo que menos le gustó?

b *¡Ahora tú!* Talk about a city you have visited. Answer the same questions as above.

C Trabajo y vida

 2.53

4 a Listen to Javier talking about his life and answer these questions.

1 How old is he?
2 What does he say about his family?

b These are some of the places and professions he mentions. What does he say about each one? Listen again and take notes in English.

1 Franciscanas
2 Escolapios
3 Academia General Militar
4 ejército
5 laboratorio químico
6 Presidente de la Federación aragonesa de patinaje
7 Proyecto Hombre

5 *¡Ahora tú!* **Talk about your life, Javier's life and the lives of other people you know.**

D Comunicando

6 a *¡Ahora tú!* These are some of the great inventions that have contributed to communication and have changed our lives. Put them in the order you think they were invented, with the oldest first, and write the year you think they were invented. Practise saying them aloud.

a las lentes de contacto
b la calculadora
c la red de Internet
d el metro
e la radio
f el ordenador
g el vídeo
h la fotocopiadora
i la bombilla

E Viajes y vacaciones

 2.54

7 Listen to Arturo and answer these questions in Spanish.

1 ¿Qué hará el fin de semana?
2 ¿Qué hará para las vacaciones?
3 ¿Qué lugar prefiere para pasar las vacaciones? ¿Por qué?
4 ¿Qué estudia ahora?
5 ¿Cuáles son sus planes de futuro?
6 ¿De qué tema no quiere hablar?

8 *¡Ahora tú!* **Answer these questions using your own details.**

- ¿Qué harás el fin de semana?
- ¿Qué harás para las vacaciones?
- ¿Qué lugar prefieres para pasar las vacaciones? ¿Por qué?
- ¿Qué haces ahora?
- ¿Cuáles son tus planes de futuro?

Más allá

9 a *¡Ahora tú!* **Do the quiz on Latin American and Spanish festivals.**

---

1 La Fiesta de los Muertos se celebra en México los días uno y dos de:
   a diciembre. **b** noviembre. **c** enero.
2 El baile tradicional de Cuba se llama:
   a el dance. **b** la salsa. **c** el danzón.
3 El espectacular carnaval de Santiago de Cuba se celebra en:
   a julio. **b** enero. **c** mayo.
4 Las fiestas de Valencia (España) se llaman:
   a el Rocío. **b** las Fallas. **c** el Pilar.
5 Las fiestas de San Fermín se celebran en:
   a Pamplona. **b** Palencia. **c** Teruel.
6 El día de San Fermín es el:
   a 7 de junio. **b** 7 de mayo. **c** 7 de julio.
7 El joropo es el baile nacional de:
   a Colombia. **b** Venezuela. **c** Chile.
8 La fiesta de San Juan se celebra en muchos lugares el día:
   a 24 de septiembre. **b** 24 de julio. **c** 24 de junio.
9 El baile tradicional de la República Dominicana es el:
   a Mambo. **b** Merengue. **c** Cha, cha, chá.
10 El famoso festival de Los diablos de Yare se celebra en:
   a Venezuela. **b** Colombia. **c** España.

2.55
   b Listen to a radio programme and check your answers.

Audio transcripts

Lección 1

CD1.01 1a, b
1. Buenos días
2. Buenas tardes
3. Buenas noches
4. Hasta mañana
5. ¿Qué tal?
6. ¿Cómo está?
7. Mucho gusto
8. Hasta luego

CD1.02 3a, b
1. Elena: Hola. Me llamo Elena. ¿Y tú? ¿Cómo te llamas?
   David: Me llamo David. ¿Qué tal?
2. Carlos: Hola. Buenos días. Me llamo Carlos, ¿y usted? ¿Cómo se llama?
   Teresa: Me llamo Teresa.
   Carlos: Mucho gusto.
3. Antonio: Hola, buenas tardes. Soy Antonio, ¿y tú?
   Luisa: Hola, soy Luisa. ¿Qué tal?
4. Carmen: Buenas tardes, me llamo Carmen.
   Ricardo: Yo me llamo Ricardo. ¿Cómo está usted?

CD1.03 4
1. Tú: *Say good afternoon and say your name. Then ask formally 'And you?'*
   Buenas tardes. Me llamo ___ ¿Y usted?
   David: Hola, me llamo David.
   Tú: *Say 'Pleased to meet you.'*
   Mucho gusto.
2. Tú: *Say hello and say your name. Then ask informally 'How are you?'*
   Hola, me llamo ___ ¿Qué tal?
   Elena: Hola, me llamo Elena.
3. Carlos: Buenos días, soy Carlos.
   Tú: *Say 'Pleased to meet you.' Now say who you are and ask formally 'How are you?'*
   Mucho gusto. Soy ___ ¿Cómo está?

CD1.04 5a
1. Buenos días. Me llamo Luis. Soy peluquero.
2. Buenas tardes. Soy Marta. Soy cocinera.
3. Hola, soy Carlos. Soy constructor.
4. Hola, me llamo Pepe. Soy camionero.
5. Buenas noches. Me llamo Alejandro. Soy banquero.
6. Hola, soy Sara. Soy empresaria.
7. Buenos días. Soy Susana. Soy intérprete.
8. Hola, soy Fernando, soy entrenador personal.
9. Hola, soy Manuel. Soy traductor.
10. Buenas tardes. Me llamo María. Soy farmacéutica.

CD1.05 6a, b
1. Srta. González: Buenos días, señor Pérez.
   Sr. Pérez: Buenos días, señorita González. ¿Cómo está usted?
   Srta. González: Bien, gracias, ¿y usted?
   Sr. Pérez: Muy bien, gracias. Hasta luego.
2. Sra. Martínez: Buenas tardes, señorita García.
   Srta. García: Buenas tardes, señora Martínez. ¿Cómo está usted?
   Sra. Martínez: Bien, gracias, ¿y usted?
   Srta. García: Muy bien, gracias. Adiós.

3	Sr. Rodríguez:	Buenas noches, señora Fernández. ¿Cómo está?	
	Sra. Fernández:	Muy bien, gracias, señor Rodríguez. ¿Y usted?	
	Sr. Rodríguez:	Bien, gracias. Adiós.	
	Sra. Fernández:	Hasta mañana.	

CD1.06 7

Use the formal forms in these dialogues.

1	Tú:	Say good afternoon to Mr Pérez and ask how he is.
		Buenas tardes, señor Pérez. ¿Cómo está?
	Sr Pérez:	Muy bien, gracias, ¿y usted?
	Tú:	Say 'Very well, thank you' and say goodbye.
		Muy bien, gracias. Adiós.
2	Tú:	Say good morning to Miss García and ask how she is.
		Buenos días, señorita García. ¿Cómo está?
	Srta. García:	Muy bien, gracias, ¿y usted?
	Tú:	Say 'Well, thank you' and say 'See you later'.
	Srta. García:	Bien, gracias. Hasta luego.
3	Tú:	Say good evening to Mrs Fernández and ask how she is.
		Buenas noches, señora Fernández. ¿Cómo está?
	Sra. Fernández:	Muy bien, gracias. ¿Y usted?
	Tú:	Say 'Very well, thank you.' Say 'See you tomorrow.'
		Muy bien, gracias. Hasta mañana.

CD1.07 10, 12

A: ¿Cómo te llamas?
B: Me llamo Pepe.
A: ¿De dónde eres?
B: Soy español.
A: ¿Cuál es tu profesión?
B: Soy taxista.
A: ¿Estás soltero o casado?
B: Estoy casado.
A: ¿Tienes hijos?
B: Sí, tengo un hijo y una hija.
A: ¿Cómo se llama tu hija?
B: Mi hija se llama Ana.
A: ¿Cómo se llama tu hijo?
B: Se llama Pedro.
A: Y tu mujer, ¿trabaja?
B: Sí, es profesora.
A: ¿Cuántos hermanos tienes?
B: Tengo dos hermanos.
A: ¿Trabaja tu padre?
B: No, está jubilado.

CD1.08 13

Rosa:	Hola.
Ana Isabel:	Hola.
Rosa:	¿Cómo te llamas?
Ana Isabel:	Me llamo Ana Isabel.
Rosa:	¿De dónde eres?
Ana Isabel:	De Guatemala.
Rosa:	¿Cuál es tu profesión?
Ana Isabel:	Soy estudiante.
Rosa:	¿De qué?
Ana Isabel:	De maquillaje.
Rosa:	Y, háblame de tu familia.
Ana Isabel:	Pues, tengo dos hermanas menores, una se llama Ana Lucía y la otra Ana Cristina.
Rosa:	Y tú, Ana Isabel.
Ana Isabel:	Sí.
Rosa:	¡Tres Anas!
Ana Isabel:	Sí, sí.
Rosa:	Ah, muy bien. ¿Y tus padres?

Ana Isabel: Mis padres ... Mi papá se llama Alfonso y mi mamá se llama Silvia.
Rosa: ¿Y cuál es la profesión de tu papá?
Ana Isabel: Mi papá es ingeniero y mi mamá es ama de casa.

CD1.09 16
t, b, w, q, h, j, ñ, v, g, y, k, l, n, r, z, i, p, x

CD1.10 17
1 A–R–G–E–N–T–I–N–A
2 E–C–U–A–D–O–R
3 B–R–A–S–I–L
4 U–R–U–G–U–A–Y
5 B–O–L–I–V–I–A
6 H–O–N–D–U–R–A–S
7 M–É–X–I–C–O

CD1.11 18
Éste es el señor Juan Cerezo; su apellido es Cerezo y se escribe C-E-R-E-Z-O. Es profesor. Es español, de una ciudad que se llama Gijón – se escribe G-I-J-O-N, con acento en la 'o'.
Ésta es la señorita Elena Echevarría; su apellido es Echevarría y se escribe E-C-H-E-V-A-R-R-I-A, con acento en la 'i'. Es ingeniera. Es mexicana, de Taxco – se escribe T-A-X-C-O.

CD1.12 19
Presenter: ¿Cuál es el apellido del señor?
Tú: *Say 'His surname is Fairbrother.'*
Su apellido es Fairbrother.
Presenter: ¿Cómo se escribe?
Tú: *Spell Fairbrother.*
F-A-I-R-B-R-O-T-H-E-R.
Presenter: ¿Cuál es su profesión?
Tú: *Say 'He is an editor.'*
Es editor.
Presenter: ¿De qué país es?
Tú: *Say 'He is from New Zealand.'*
Es de Nueva Zelanda.
Presenter: ¿De qué ciudad?
Tú: *Say 'He is from Wellington.'*
Es de Wellington.
Presenter: Por favor, ¿cómo se escribe?
Tú: *Spell Wellington.*
W-E-L-L-I-N-G-T-O-N.

CD1.13 20
1 Hola, soy Ana. Hablo español, que es mi lengua nativa, y también hablo inglés y francés muy bien y un poco de alemán. Ahora estudio ruso, porque mi marido es ruso, pero sólo hablo un poco.
2 Hola, soy Isabel, soy bilingüe en inglés y español. Hablo los dos idiomas perfectamente, ¡sin acento! También hablo alemán muy bien, porque mis primas son alemanas, y ahora estudio japonés porque tengo una amiga japonesa que es profesora de japonés. También hablo un poco de francés.

CD1.14 23
Barcelona es una ciudad española muy importante. Es la capital de Cataluña, una comunidad o región de España. Tiene muchos monumentos famosos. Una iglesia muy famosa es la Sagrada Familia. El arquitecto de la iglesia se llama Antoni Gaudí, de principios del siglo veinte. Antoni Gaudí es también el arquitecto de un parque muy especial que se llama Güell. La ciudad tiene una zona muy antigua que se llama el Barrio Gótico, que tiene la catedral de Barcelona, muy antigua también, del siglo doce.
La ciudad tiene plazas y avenidas muy bonitas. Las avenidas más famosas se llaman 'Las Ramblas' y la plaza más famosa es la plaza Cataluña, en el centro de la ciudad. Muy famoso también es el estadio del club de fútbol Barcelona que se llama el Camp Nou. En Barcelona hay un museo muy importante, que se llama el museo Picasso porque tiene cuadros de este pintor.

Barcelona tiene una playa muy buena y muy popular que se llama la Barceloneta y la montaña de Montjuich con el famoso estadio Olímpico de 1992.

Lección 2

CD1.15 1a, b

Rosa: Hola, buenas tardes.
Camarero: Buenas tardes. ¿Qué desea?
Rosa: Quiero una tapa de jamón, por favor.
Camarero: Muy bien. ¿Algo más?
Rosa: Sí, unas patatas fritas, por favor.
Camarero: ¿Y para beber?
Rosa: Un agua con gas.
Camarero: De acuerdo.
Rosa: Gracias. ¿Cuánto es?
Camarero: Son seis euros.
Rosa: Aquí tiene.

CD1.16 2

Camarero: Buenas tardes. ¿Qué desea?
Tú: *Say 'I'd like a ham "tapa", please.'*
Quiero una tapa de jamón, por favor.
Camarero: Muy bien. ¿Algo más?
Tú: *Say 'Yes, I'd like some crisps.'*
Sí, quiero patatas fritas, por favor.
Camarero: ¿Y para beber?
Tú: *Say 'I'd like an orange juice.'*
Quiero un zumo de naranja.
Camarero: De acuerdo. ¿Algo más?
Tú: *Say 'No, thank you. How much is it?'*
No, gracias. ¿Cuánto es?
Camarero: Son seis euros.
Tú: *Say 'Here you are'.*
Aquí tiene.

CD1.17 3

1 Camarero: ¿Qué le pongo?
   Cliente: Póngame una ración de calamares y una cerveza. ¿Qué le debo?
   Camarero: Son seis euros.
2 Camarero: ¿Qué os pongo?
   Chico: Una Coca-Cola y patatas fritas.
   Chica: Para mí un bocadillo de tortilla y una naranjada.
   Chico: ¿Nos cobra, por favor?
   Camarero: Diez euros.
3 Señora: Oye, por favor. Ponme un café con leche y un bocadillo de jamón.
   Camarero: En seguida.
   Señora: ¿Qué te debo?
   Camarero: Ocho euros.
4 Chico: Oiga, ¿puede darme una cerveza?
   Camarera: Sí, aquí tiene.
   Chico: ¿Cuánto es?
   Camarera: Dos euros.
5 Chica: Una sidra, por favor.
   Camarero: No nos queda sidra.
   Chica: Pues, no sé, un refresco... no, un zumo de naranja, y una ensaladilla. ¿Puedes cobrarme, por favor?
   Camarero: Son siete euros.

CD1.18 5a, b

Cliente: Oiga, deme una cerveza, por favor.
Camarero: Lo siento, no hay cerveza.
Cliente: Pues, póngame un vino tinto.
Camarero: Pues no hay vino tinto.
Cliente: Bueno, ¿hay vino blanco?
Camarero: No, tampoco hay vino blanco. No hay bebidas con alcohol, señor.
Cliente: Vale, pues, un café solo.
Camarero: No hay café.
Cliente: ¿Y té? ¿Hay té con limón?
Camarero: No, señor, no hay bebidas calientes.
Cliente: Bueno, pues un zumo.
Camarero: ¿De qué, señor?

Cliente:	Un zumo de naranja.
Camarero:	No hay zumo de naranja.
Cliente:	Pues un zumo de piña.
Camarero:	No, no hay zumos.
Cliente:	Bueno, ¿hay agua mineral?
Camarero:	No, señor.
Cliente:	¿Hay agua del grifo?
Camarero:	Pues sí, agua del grifo sí hay.
Cliente:	¿Pero qué tipo de bar es éste?
Camarero:	Es el bar 'Pesadilla', señor.

CD1.19 6a

Señora:	¿Cómo se llama usted?
Alfonso:	Me llamo Alfonso Martínez.
Señora:	¿De dónde es usted?
Alfonso:	Soy de Madrid.
Señora:	¿Como se llama su bar?
Alfonso:	Se llama bar Martínez.
Señora:	¿Qué tipo de bar es?
Alfonso:	Es un bar normal, un bar familiar.
Señora:	¿Qué hay en el bar?
Alfonso:	Hay de todo. Tapas, bocadillos, café, cerveza, zumos...
Señora:	¿Usted es camarero en el bar?
Alfonso:	Sí, y mi hijo, Juan. Mi mujer, María, prepara la comida.

CD1.20 7a, b, c

Camarero:	Hola, buenos días. ¿Qué van a tomar?
Señora:	El menú del día, por favor, para los dos.
Camarero:	¿Qué tomarán de primer plato?
Señora:	Para mí, sopa.
Señor:	Yo tomaré ensalada.
Camarero:	De acuerdo. ¿Y de segundo?
Señor:	Para mí, lomo, pero que esté bien hecho ¿eh?
Camarero:	¿Y para usted, señora?
Señora:	No sé... ¿Cómo es el pollo a la chilindrón?
Camarero:	Es pollo frito con pimiento, tomate y cebolla y a veces, pues un poco de jamón.
Señora:	Pues sí. Tráigame pollo a la chilindrón, por favor.
Camarero:	¿Y para beber?
Señora:	¿Vino tinto de la casa? Sí, vino tinto.
Señor:	Para mí agua sin gas.
Camarero:	Muy bien... ¿Qué quieren de postre?
Señora:	Yo, helado.
Señor:	¿Qué fruta hay?
Camarero:	Hay naranja, plátano, melocotón...
Señor:	Pues... melocotón.
Camarero:	¿Tomarán café?
Señor:	Para mí, no.
Señora:	Para mí tampoco, gracias. ¿Nos trae la cuenta por favor?

CD1.21 8

Camarero:	¿Qué quiere de primer plato?
Tú:	*Say 'I would like soup. Is the **menestra** soup?'*
	Quiero sopa. ¿La menestra es sopa?
Camarero:	No, la menestra es verdura frita con un poco de jamón.
Tú:	*Say 'Yes, I'd like menestra.'*
	Sí, quiero menestra.
Camarero:	¿Y de segundo?
Tú:	*Say 'I don't know' and ask what he recommends.*
	No sé. ¿Qué me recomienda?
Camarero:	El bistec es muy bueno, se lo recomiendo.
Tú:	*Say 'I'd like the bistec, then.'*
	Pues, quiero el bistec.
Camarero:	¿A la plancha o a la pimienta?
Tú:	*Say 'I'd like the bistec grilled.'*
	Quiero el bistec a la plancha.
Camarero:	Muy bien. Bistec a la plancha ¿Qué quiere de postre?
Tú:	*Ask 'What is there for dessert?'*
	¿Qué hay de postre?
Camarero:	Hay helado, flan de la casa, fruta...

Tú:	*Ask 'What fruit is there?'*
	¿Qué fruta hay?
Camarero:	Hay manzana, plátano, naranja ...
Tú:	*Say 'I want an orange.'*
	Quiero una naranja, por favor.
Camarero:	Oh, lo siento, no hay naranjas.
Tú:	*Say 'Well, an apple, please.'*
	Pues una manzana, por favor.
Camarero:	Muy bien. ¿Tomará café?
Tú:	*Say yes and ask him to bring a black coffee.*
	Sí, tráigame un café solo, por favor.
Camarero:	Aquí tiene. ¿Algo más?
Tú:	*Say 'No, nothing else. The bill, please.'*
	No, nada más. La cuenta, por favor.
Camarero:	Sí, aquí tiene la cuenta.
Tú:	*Say 'Thank you.'*
	Gracias.

CD1.22 9

Sr. Pérez:	Sra. García, éste es el Sr. González.
Sr. González:	Mucho gusto, Sra. García.
Sra. García:	Encantada. ¿Dónde vive, Sr. González?
Sr. González:	Vivo en Madrid.
Sra. García:	Yo también vivo en Madrid.
Sr. González:	Aquí tiene mi tarjeta.
Sra. García:	Gracias. Ah, usted vive en la calle Goya. Mi hermana vive en la calle Goya.
Sr. González:	¡Ah! ¡Qué casualidad!
Sr. Pérez:	¿Qué quieren beber?
Sra. García:	Yo quiero una cerveza.
Sr. González:	Y yo un agua con gas, por favor.
Sr. Pérez:	¿Quieren vino con la comida?
Sr. González:	Sí, ¿vino tinto?
Sra. García:	Sí, muy bien.

CD1.23 10

Sra. García:	¿Cuál es su número de teléfono?
Sr. González:	976 12349854.
Sra. García:	¿Y su correo electrónico?
Sr. González:	j.gonzalez546@hitmail.es
Sra. García:	¿Y su dirección?
Sr. González:	Calle Principal, número 9, ático.

CD1.24 12a, b

1 Aquí tiene la cuenta. Son ciento cincuenta euros.
2 Aquí tiene, señora, setenta y cinco euros.
3 Ésta es su cuenta; son doscientos veintiséis euros.
4 Tenga, señor, son cincuenta y ocho euros.
5 Bueno, aquí tiene; sesenta y nueve euros en total.
6 En total son ciento cuarenta y un euros.
7 Aquí tienen la cuenta, son ciento setenta y seis euros.
8 Mire, son ochenta y cinco euros.
9 Ésta es su cuenta, son doscientos quince euros.

CD1.25 14

Rosa:	Ana Isabel, ¿me puedes hablar un poquito de la comida en Guatemala? ¿Qué productos hay?
Ana Isabel:	En Guatemala hay bastantes productos, hay frijoles, bananos, hay caña de azúcar, y el café de Guatemala, especialmente en la región de Antigua, es muy famoso.
Rosa:	¿Es muy bueno?
Ana Isabel:	Sí, muy bueno.
Rosa:	¿Es un café fuerte?
Ana Isabel:	Pues la verdad es que no tomo café, como cosa rara, así es que no te podría decir.

Rosa:	¿Eres de Guatemala y no tomas café?		España, al noroeste de Madrid.
Ana Isabel:	Sí. Yo sé.	Rosa:	¿Es grande tu ciudad?
Rosa:	Y el plato típico de Guatemala, ¿cuál es? ¿o hay varios platos típicos?	Cati:	No, no es muy grande. Tiene trescientos veinticinco mil habitantes.
Ana Isabel:	Bueno, hay un plato típico, pero en general depende de la hora de la comida, pero lleva frijoles fritos, tortillas, guacamol, arroz y, dependiendo si es desayuno o almuerzo, huevos fritos o carne asada.	Rosa:	¿Y cómo es Valladolid?
		Cati:	Es una ciudad muy bonita, tiene muchos monumentos . . . Es muy agradable.
		2 Rosa:	Ricardo, dime, ¿tú, de dónde eres?
		Ricardo:	De León, en el estado de Guanajuato.
Rosa:	Eso es lo típico.	Rosa:	¿Y dónde está?
Ana Isabel:	Sí, eso es lo típico.	Ricardo:	En el centro de la República Mexicana.
Rosa:	¿Tiene un nombre especial?	Rosa:	¿Y cómo es León?
Ana Isabel:	No, no tiene nombre, es un plato típico.	Ricardo:	León es una ciudad industrial, no precisamente turística, cuenta con dos millones de habitantes, eh . . . para . . . es la quinta ciudad en tamaño de México.
Rosa:	¿Y es lo que más se come entonces?		
Ana Isabel:	Sí, sí, especialmente las tortillas y los frijoles.		
		Rosa:	Ah, es bastante grande entonces.

 CD1.26 15

En Guatemala hay muchos productos, hay frijoles, bananos, hay caña de azúcar, y el café de Guatemala, especialmente en la región de Antigua que es muy famoso y muy bueno.

El plato típico del país tiene frijoles fritos, tortillas, guacamol y arroz. Si es desayuno tiene huevos fritos y si es almuerzo, carne asada. El chirmol es una salsa de tomate para los huevos fritos o la carne. Es una salsa deliciosa y no pica. Son especialmente típicos las tortillas y los frijoles.

Lección 3

 CD1.27 3

1 Rosa:	Cati, ¿de dónde eres?
Cati:	Soy de Valladolid.
Rosa:	¿Dónde está Valladolid?
Cati:	Está en el noroeste de

 CD1.28 4a

Rosa:	Ana Isabel, ¿cuál es tu nacionalidad?
Ana Isabel:	Soy guatemalteca.
Rosa:	¿Cuál es la capital de Guatemala?
AI:	La Ciudad de Guatemala.
Rosa:	¿Y dónde está la ciudad de Guatemala, en el norte del país?
AI:	Está más hacia el sur y hacia el lado oeste.
Rosa:	¿Cómo es la ciudad de Guatemala?
AI:	Es una ciudad bastante grande, tiene muchos edificios, un aeropuerto principal que queda a media

	ciudad. Tiene áreas históricas y una parte más moderna y tiene centros comerciales.
Rosa:	¿Es muy grande?
AI:	Sí, es una ciudad grande.
Rosa:	Y el país, ¿cuántos habitantes tiene?
AI:	Aproximadamente doce millones.
Rosa:	¿Y otras ciudades importantes?
AI:	Está Retalhuleu, también conocido como Reu, y Xelajú, que se conoce como Xela.
Rosa:	¿Y Petén es una ciudad, El Petén?
AI:	Petén es un área que queda hacia el norte del país. Ahí se encuentran las pirámides mayas, está la ciudad maya de Tikal...
Rosa:	Ah, sí.
AI:	Y eh... la única... bueno es un pueblo que queda ahí que se llama Flores.
Rosa:	¿Es el más importante de la zona?
AI:	Si. Es la única ciudad que hay en esa zona.

⊙ CD1.29 5b

Ciudad de Guatemala es la capital del país. Está en el suroeste. Es una ciudad grande. Tiene una parte histórica y una parte moderna. El país tiene doce millones de habitantes. Retaluleu es también una ciudad importante. Petén es un área en el norte del país. Hay una ciudad maya en Petén. La ciudad más importante en Petén se llama Flores.

⊙ CD1.30 8

Cati:	Quiero alquilar un apartamento o una casa en el sur de España, en Andalucía.
Rosa:	Bueno, Andalucía es muy grande, prefieres el sureste, el suroeste...?
Cati:	Pues, prefiero la provincia de Málaga.
Rosa:	Pues, una amiga mía tiene un apartamento en una zona muy bonita que se llama La Reserva de Marbella y está muy cerca de Marbella, claro, está a unos diez kilómetros de Marbella. Y no está muy lejos de Málaga, estás en Málaga en media hora... bueno, depende del tráfico, claro.
Cati:	Pero no quiero alquilar un coche.
Rosa:	Bueno, hay un autobús que está en Marbella en quince minutos, es muy rápido. Además no está lejos del aeropuerto.
Cati:	¿Está cerca de la playa?
Rosa:	Pues, está a unos veinte minutos a pie.
Cati:	Ah, quiero estar muy cerca de la playa.
Rosa:	Pues, también tiene un apartamento en Puerto Banús, al lado de la playa, en una urbanización que se llama Playas del Duque, es la mejor urbanización de la zona.
Cati:	Pero, ¿al lado... al lado de la playa?
Rosa:	Sí, sí, estás en la playa en dos minutos y también está al lado del pueblo y del puerto, que es precioso. Estás en el puerto en cinco minutos.
Cati:	¿Y cómo es?
Rosa:	El apartamento es muy grande, está en el primer piso y tiene ascensor. Hay unos jardines preciosos, tres piscinas, un lago... Está muy cerca de las tiendas y los restaurantes... Es fantástico.
Cati:	Ah, muy bien... Quiero alquilar el apartamento.

Rosa: Pues, llamo a mi amiga ahora mismo.
Cati: Vale.

CD1.31 10

Rosa: Hola, Pura.
Pura: Hola, Rosa.
Rosa: Oye, tengo una fiesta el día diez.
Pura: ¿Qué día?
Rosa: El día diez, es sábado.
Pura: Ay, qué pena, el sábado diez estoy en Alicante, estoy en casa de mi madre porque es su cumpleaños. Lo siento.
Rosa: Bueno, sí, ¡qué pena!
***
Rosa: Hola, Rafael.
Rafael: Hola, Rosa.
Rosa: Oye, tengo una fiesta en mi casa el día diez. Es mi cumpleaños.
Rafael: Pues estupendo, el diez estoy aquí.
***
Rosa: Hola, Mariá.
Mariá: Hola, Rosa.
Rosa: Oye, tengo una fiesta en mi casa el día diez. Es mi cumpleaños.
Mariá: Pues, el diez estoy de vacaciones, estoy en la playa. Lo siento.
***
Rosa: Hola, Manolo.
Manolo: Hola, Rosa.
Rosa: Oye, tengo una fiesta en mi casa el día diez. Es mi cumpleaños.
Manolo: Pues, el día diez estoy en una conferencia. Lo siento.
***
Rosa: Hola, Carmen.
Carmen: Hola, Rosa.
Rosa: Oye, tengo una fiesta en mi casa el día diez. Es mi cumpleaños.

Carmen: Ah, estupendo, el día diez estoy libre, estoy en casa.

CD1.32 11

Rosa: ¡Hola! Oye, tengo una fiesta el día diez.
Tú: *Ask 'What day is it?'*
¿Qué día es?
Rosa: El día diez, es sábado.
Tú: *Say 'I'm sorry, but I'm on holiday on the 10th.'*
Lo siento, pero estoy de vacaciones el día diez.
Rosa: Oh, ¡qué pena!
***
Rosa: ¡Hola! Oye, tengo una fiesta en mi casa el día diez.
Tú: *Say 'Great! I'm here and I'm free.'*
Estupendo, el diez estoy aquí y estoy libre.
***
Rosa: ¡Hola! Oye, tengo una fiesta en mi casa el día diez.
Tú: *Say 'That's a pity. I'm at a conference on the 10th. I'm very sorry.'*
¡Oh! ¡Qué pena! El día diez estoy en una conferencia. Lo siento mucho.

CD1.33 12a, b

1 Pedro: Oiga, por favor. ¿Para salir del aparcamiento es por ahí?
Juan: No, no. Tiene que ir a la derecha y seguir todo recto hasta el final, la salida está a mano derecha.
2 Domi: Oiga, por favor, ¿dónde está el campo de fútbol?
Guardia: ¿Vas a pie?
Domi: Sí, sí, a pie.
Guardia: Pues, está un poco lejos. Mira... ¿Ves? Estamos aquí. Tienes que seguir todo recto hasta el

3   Ana Rosa: semáforo, entonces vas a la derecha y continúas recto hasta el final de la calle y allí está.
    Ana Rosa: Buenas tardes. A Reina Fabiola, por favor.
    Taxista: Muy bien. ¿A qué número de la calle va? Se lo digo porque hay obras en la zona.
    Ana Rosa: Voy al número 287, al final de la calle.
    Taxista: Pues entonces, si le parece bien, seguiremos recto por aquí hasta el cruce y después iremos a la derecha, por Cesáreo Alierta.
    Ana Rosa: Sí, sí, muy bien; está bastante cerca de Cesáreo Alierta.

CD1.34 15

A la derecha vemos el palacio de los Duques de Azuara, enfrente, a la izquierda, pueden ver la iglesia de San Miguel. Seguimos todo recto y tomamos la primera calle a la derecha. Aquí está la iglesia de San Salvador y al lado están los famosos almacenes El Corte Español. Seguimos recto y tomamos la segunda calle a la izquierda. En esta calle, a la derecha pueden ver la catedral. Enfrente de la catedral hay un hotel, es el hotel Madrid, el hotel más antiguo y famoso de la ciudad. Ahora llegamos al final de la calle y hay una plaza, ésta es la plaza de Alfonso I. En esta plaza hay una biblioteca muy antigua a la derecha, es la biblioteca municipal, y a la izquierda está el Museo de Arte Moderno. En el centro de la plaza hay una fuente y al lado de la fuente hay una estatua del Rey Alfonso. La visita termina aquí. Gracias.

CD1.35 18a

Rosa: Me puedes decir algo del país, de montañas . . . ¿Qué tiene?
Ana Isabel: Pues hay de todo, tenemos una parte, bueno, hacia el norte, es donde está Petén, es selva, se encuentran jaguares, monos aulladores, monos normales. Hace bastante calor. Más hacia el sur también se encuentra Cobán, que es una ciudad entre las montañas, hace frío y es otro clima. Y tenemos un lago muy famoso que se llama Atitlán que es un lago entre volcanes y el lago antes era el cráter de un volcán.
Rosa: ¡Um, qué interesante! Y tú, ¿qué prefieres, qué parte te gusta más?
Ana Isabel: A mí me encanta eh . . . Atitlán.
Rosa: Ah sí. ¿Y hay playas?
Ana Isabel: Sí, sí, tenemos costa en los dos lados, en el lado Pacífico y en el lado Atlántico y la arena es negra, es diferente a muchos lugares.
Rosa: Ah, ¿es negra? ¿Por qué, por los volcanes?
Ana Isabel: Sí, yo creo que es por los volcanes.
Rosa: ¿Y hay muchos turistas en Guatemala?
Ana Isabel: Sí, sí, hay bastantes turistas. En general no están en la Ciudad de Guatemala. Hay mucho turista en una ciudad que se llama Antigua, Guatemala y en Petén, Atitlán, Panajachel . . .

CD1.36 18c

Petén está en el norte del país y es selva con muchos animales. Hace calor. Cerca está Cobán, una ciudad entre las montañas; hace frío y es otro clima. También hay un lago muy famoso que se llama Atitlán que es un lago que era el cráter de un volcán.

Hay playas en el lado Pacífico y en el lado Atlántico. La arena en el Pacífico es negra por los volcanes. Hay bastantes turistas, la mayoría visita una ciudad que se llama Antigua Guatemala, Petén y Atitlán. Antigua era la capital de Centroamérica en la época colonial; hubo un terremoto en 1777 y ahora es una ciudad histórica. Está a cuarenta y cinco minutos de la capital, la Ciudad de Guatemala.

Lección 4

CD1.37 2

Cliente: Buenas tardes. ¿Tiene habitaciones libres, por favor?
Recep.: Sí, señora.
Cliente: Mire, queremos una doble con dos camas y una individual.
Recep.: Vamos a ver . . . Pues no nos quedan individuales.
Cliente: Bueno, pues no sé, entonces . . . dos habitaciones dobles. ¿Tienen baño?
Recep.: Sí, claro. ¿Para cuántas noches las quieren?
Cliente: Pues, no sé. Dos o tres. Ya veremos. No estoy segura.
Recep.: ¿Quieren media pensión? Así sale bastante barato.
Cliente: No, no, no. Solo el desayuno. Creo que comeremos fuera, porque queremos salir.
Recep.: Muy bien. ¿Me dan su documentación, por favor?
Cliente: Sí, aquí tiene.
Recep.: Gracias. Las habitaciones son la ciento nueve en el primer piso y la doscientas doce en el segundo.
Cliente: Vale. Muy bien. ¡Ah! pero, ¿no están juntas?
Recep.: No. El hotel está casi completo en estas fechas.
Cliente: Bueno. Pues es igual. Muchas gracias. Y, ¿puede . . . , puede llamarnos por la mañana a las siete y media, por favor?
Recep.: Sí. No faltaría mas.
Cliente: Vale, gracias.
Recep.: De nada.

CD1.38 4

Recep.: Buenos días, señor, ¿qué desea?
Cliente: Tengo una habitación reservada para hoy.
Recep.: Sí, ¿a qué nombre, por favor?
Cliente: A nombre de Luis García.
Recep.: Sí . . . Aquí está . . . Una habitación individual. Y está reservada para tres noches, ¿verdad?
Cliente: Sí, la quiero para tres noches.
Recep.: Bien, ¿querrá comer o cenar en el hotel?
Cliente: Quiero media pensión, el desayuno y la cena.
Recep.: Muy bien, señor. Aquí tiene las llaves. La habitación está en el octavo piso. Es la habitación ochocientos dieciocho.
Cliente: ¿Pueden despertarme todas las mañanas a las siete?
Recep.: Por supuesto, señor, tenemos servicio de despertador. Si quiere puede subir primero y en seguida le subirán el equipaje. ¿Son éstas sus maletas?
Cliente: Sí, son éstas. ¿Dónde está el ascensor?
Recep.: Al fondo del pasillo a la izquierda.
Cliente: Gracias. ¿A qué hora es el desayuno?
Recep.: El desayuno se sirve entre las siete y media y las diez.

Cliente:	Por favor, ¿dónde puedo aparcar el coche? Es que ahora está mal aparcado en la calle, ahí enfrente del hotel.
Recep.:	El aparcamiento está detrás del hotel, si quiere dejar las llaves, se lo aparcamos nosotros ahora mismo.
Cliente:	Estupendo, muchas gracias.

CD1.39 5

Cliente:	Por favor, ¿podría prepararnos la cuenta? Tenemos que marcharnos hoy.
Recep.:	Sí, señora, ahora mismo. Vamos a ver. Han sido una habitación doble con baño y desayuno, ¿verdad?
Cliente:	Sí, sí.
Recep.:	Y han sido dos noches.
Cliente:	Sí, eso es. Exacto.
Recep.:	¿De restaurante, tienen algo?
Cliente:	Anoche, dos cenas.
Recep.:	Ah, sí, aquí está. Y una llamada por teléfono.
Cliente:	Exactamente.
Recep.:	Bueno, pues aquí tiene. Muchas gracias, señores.

CD1.40 6

Recep.:	Buenos días. ¿Qué desea?
Cliente:	*Say 'I have a double room reserved for today.'* Tengo reservada una habitación doble para hoy.
Recep.:	Sí. ¿A qué nombre, por favor?
Cliente:	*Say your name.*
Recep.:	Sí . . . Aquí está . . . Una habitación doble. Muy bien. ¿Para cuántas noches la quiere?
Cliente:	*Say 'I want it for three nights.'* La quiero para tres noches. *Now say 'I'd like a room with views of the beach.'* Quiero una habitación con vistas a la playa.
Recep.:	Bien, ¿querrá comer o cenar en el hotel?
Cliente:	*Say 'No, thanks – just breakfast.'* No, gracias – sólo el desayuno.
Recep.:	Muy bien. ¿Su documento de identidad, por favor?
Cliente:	*Say 'I have my passport.'* Tengo mi pasaporte.
Recep.:	Perfecto. Habitación 510. Aquí tiene la llave.
Cliente:	*Say thank you and ask where the lift is.* Gracias. ¿Dónde está el ascensor?
Recep.:	Está al final del pasillo a la derecha. Perdone, ¿es ésta su maleta?
Cliente:	*Say 'Yes, this is my case.'* Sí, ésta es mi maleta.
Recep.:	Muy bien. Ahora la subimos.
Cliente:	*Ask where the hotel car park is.* ¿Dónde está el aparcamiento del hotel?
Recep.:	Está detrás del hotel.
Cliente:	*Say thank you and goodbye.* Gracias. Adiós.

CD1.41 7a

Es un hotel muy cómodo y moderno, tiene ascensor y accesos para sillas de ruedas. Está en primera línea de playa, pero es muy céntrico, está en el centro del pueblo y muy cerca de las tiendas. Hay gimnasio y pista de tenis. Hay restaurante, bar, discoteca y piscina. Todas las habitaciones tienen aire acondicionado y calefacción y todas tienen terraza. También tienen conexión a internet.

CD1.42 10

1 Arturo

Rosa:	Bueno, Arturo, dime cómo es tu casa en México.
Arturo:	Es una casa de dos pisos, con sala comedor, cocina, los cuartos: el mío, el de mis

papás, el de mi hermana. Tenemos un bar en una parte de mi casa, una sala de televisión, un jardín, una piscina tambien, un área en la parte trasera para realizar eventos o alguna... cocinar algo durante el fin de semana en familia y una terraza muy amplia con una vista muy bonita.

2 Ana Isabel
Rosa: Y, bueno, ¿puedes describirme tu casa?
Ana Isabel: Sí. Mi casa es bastante amplia, tiene cinco habitaciones, cinco baños, tiene un jardín, tiene una sala que tiene una vista hacia toda la ciudad y tiene...
Rosa: ¿Y el jardín es grande?
Ana Isabel: No, no es muy grande, pero tiene... es... mi mamá lo tiene muy bonito.
Rosa: Sí. Y tu cuarto, ¿cómo es?
Ana Isabel: Mi cuarto queda en el primer piso de la casa, tiene su entrada, es casi aparte, tiene... bueno, está mi cama, mi escritorio, tengo un closet muy grande y... tiene una ventana que da hacia el jardín.
Rosa: Ah, ¡qué bien!
Ana Isabel: Sí.

CD1.43 14

1 Ana Rosa: Mi habitación es una cama grande, casi de matrimonio, hay un armario, una mesilla y encima del armario hay muñecas y figuras, y eso. Luego, tengo una mesa para los estudios, un sillón y encima de la cama hay un muñeco.

2 Rosa: ¿Y tú tienes una habitación para ti sola? ¿Cómo es tu habitación?
Yolanda: No sé... tengo la cama, un escritorio, una estantería... no sé y tengo...
Rosa: ¿Cómo la tienes decorada?
Yolanda: Tengo posters; luego un cuadro también; luego tengo muñecas puestas por allí, muñecos, tengo cosas colgadas.

CD1.44 15a

Amiga: Tú eres de Belchite, ¿verdad, Jaime?
Jaime: Sí. Es un pueblo muy bonito.
Amiga: ¿Dónde está?
Jaime: Está en el sur de Zaragoza.
Amiga: ¿Está lejos?
Jaime: No, está cerca.
Amiga: ¿A cuántos kilómetros está?
Jaime: A cuarenta y nueve kilómetros más o menos.
Amiga: ¿Hay tren para ir allí?
Jaime: No, pero hay autobuses.
Amiga: ¿Y cómo es el pueblo?
Jaime: Bueno, hay dos pueblos, el pueblo nuevo y el pueblo viejo. El pueblo nuevo es... nuevo, pequeño, es agradable, tranquilo. Las calles son anchas y muchas casas son blancas y grandes, de dos pisos. No hay edificios altos.
Amiga: ¿Qué hay?
Jaime: Hay una iglesia moderna, una plaza, una fábrica, un lago, y claro, está el pueblo viejo con sus ruinas y monumentos. También hay un museo. Es muy interesante.
Amiga: ¿Cuándo está abierto el museo?
Jaime: Está abierto los fines de semana.

CD1.45 16a
El Pueblo Viejo de Belchite es grande y es bonito, pero está abandonado. Está vacío, pero está limpio. Está destruido porque hubo una batalla terrible aquí durante la guerra civil española en 1936. Es muy interesante. La puerta está abierta siempre y podemos visitarlo ahora.

CD1.46 16b
1   Hola, amigos y amigas. Hoy vamos a visitar el Pueblo Viejo de Belchite. Ésta es la puerta. Vamos a entrar, pero cuidado porque la puerta está rota.
2   Ésta es la calle Mayor, es larga y hay muchas casas, pero las casas están vacías y todas están destruidas. Estas casas son típicas de la zona de Aragón. Son muy antiguas, del siglo dieciséis. Los balcones son muy bonitos, pero están rotos.
3   Ésta es la iglesia de San Agustín, del siglo dieciocho. La torre tiene varios arcos o ventanas.
4   Ésta es la fuente. El agua está muy fresca y es buena para beber.
5   Aquí vemos unas casas por detrás, podemos ver las cocinas, los dormitorios, pero están destruidos.
6   Aquí tenemos, a la derecha, la iglesia de San Martín, que vemos por detrás, y a la izquierda vemos la fachada del convento de San Rafael. La torre de la iglesia de San Martín es muy antigua, del siglo catorce y termina en punta.

Lección 5

CD1.47 1a
Presenter: ¿Dónde trabaja usted?
José: Trabajo en una oficina, soy jefe de personal en una empresa.
Presenter: ¿Qué tipo de empresa es?
José: Es una compañía de seguros.
Presenter: ¿Es grande?
José: Sí es una compañía bastante grande.
Presenter: ¿Está cerca de su casa?
José: Pues no está muy lejos, pero tampoco está muy cerca. Está a quince minutos de mi casa en autobús.
Presenter: Entonces come en casa a mediodía.
José: No, como en una cafetería que está al lado de la oficina.
Presenter: ¿Cuántas horas trabaja al día?
José: Trabajo ocho horas al día.
Presenter: ¿Es un trabajo interesante?
José: Sí, el trabajo es muy interesante y muy variado.

CD1.48 1c
José trabaja en una oficina, es jefe de personal en una compañía de seguros bastante grande. La compañía no está muy lejos de su casa, está a quince minutos (de su casa) en autobús. José come en una cafetería que está al lado de la oficina. Trabaja ocho horas al día. Su trabajo es muy interesante y muy variado.

CD1.49 2
Presenter: ¿Dónde trabaja usted?
Tú: *Say 'I work in an office, I am a company manager.'*
            Trabajo en una oficina, soy director(a) de una compañía.
Presenter: ¿Qué tipo de empresa es?
Tú: *Say 'It's a transport company.'*
            Es una empresa de transportes.
Presenter: ¿Es grande?
Tú: *Say 'Yes, it's a very big company.'*
            Sí, es una empresa muy grande.
Presenter: ¿Está cerca de su casa?
Tú: *Say 'No, it's very far. It's an hour from my house by train.'*
            No, está muy lejos. Está a una hora de mi casa en tren.

Presenter:	Entonces no come en casa.
Tú:	*Say 'No, I eat in the company's restaurant.'*
	No, como en el restaurante de la empresa.
Presenter:	¿Cuántas horas trabaja al día?
Tú:	*Say 'I work eight or nine hours a day.'*
	Trabajo ocho o nueve horas al día.
Presenter:	¿Es un trabajo interesante?
Tú:	*Say 'Yes, it's a very interesting and varied job.'*
	Sí, es un trabajo muy interesante y variado.

CD1.50 6

Durante la semana desayunamos sobre las nueve o así, porque estamos de vacaciones. Si hay que ir a clase hay que levantarse antes y desayunamos a las ocho. La comida de mediodía es a las dos. Por la tarde merendamos a las seis o seis y media y cenamos bastante tarde, a las nueve o las diez.

Los domingos nos levantamos más tarde y desayunamos a las diez más o menos. Comemos más tarde también, sobre las dos y media o las tres. La merienda es a las seis y media, aunque a veces no merendamos si comemos muy tarde. Y la cena es a las nueve y media o a las diez de la noche, pero es más ligera.

CD1.51 8a, c

Bueno, yo trabajo repartiendo cartas solamente en verano, para ayudar a mi marido que es cartero. Es que en verano, como hay mucha más gente que en invierno, pues necesitan más carteros. Alguna vez lo hago en otros meses, depende del trabajo que hay. Además soy cantante y profesora de canto tradicional, de esta zona, y tengo una tienda, así que mi vida es muy ajetreada.

Me levanto temprano, a las siete, para ir a recoger las cartas que llegan desde la ciudad en el autocar a las ocho y media de la mañana. Después voy por una zona del pueblo repartiendo las cartas hasta mediodía. Luego vuelvo a casa, hago la comida. Por la tarde voy a la tienda y después doy las clases de canto particulares. El trabajo de cartero sólo lo hago por las mañanas. Me gusta mucho porque veo a mucha gente.

CD1.52 9

Presenter:	¿A qué hora te levantas?
Tú:	*Say 'I get up at 7.30 a.m.'*
	Me levanto a las siete y media.
Presenter:	¿A qué hora desayunas?
Tú:	*Say 'I have breakfast at 8 a.m.'*
	Desayuno a las ocho.
Presenter:	¿Cómo vas al trabajo?
Tú:	*Say 'I go to work by bus.'*
	Voy al trabajo en autobús.
Presenter:	¿A qué hora empiezas el trabajo?
Tú:	*Say 'I start work at nine.'*
	Empiezo el trabajo a las nueve.
Presenter:	¿A qué hora comes?
Tú:	*Say 'I have lunch at two.'*
	Como a las dos.
Presenter:	¿Cuántas horas tienes para comer?
Tú:	*Say 'I have one and a half hours to have lunch.'*
	Tengo una hora y media para comer.
Presenter:	¿A qué hora vuelves a casa por la tarde?
Tú:	*Say 'I go back home at six thirty in the evening.'*
	Vuelvo a casa a las seis y media de la tarde.
Presenter:	¿Qué haces cuando vuelves a casa por la tarde?
Tú:	*Say 'I have dinner, study Spanish, watch TV, read a bit and go to bed at 11.30 at night.'*
	Ceno, estudio español, veo la

televisión, leo un poco y voy a la cama a las once y media de la noche.

CD1.53 11a, b, d

1 Ana Rosa: Soy simpática, pero muchas veces me cuesta hacer amigos, según con quienes, pues me cuesta poco, pero según con otros, pues no me adapto a la persona. Mi físico: soy morena, delgada y bajita.
2 Manolo: Soy un chico normal de mi edad, diecisiete años. Tengo una apariencia normal para un chico de mi edad, soy un poco cerrado, tal vez, me consideran simpático, la cual cosa yo dudo.
3 Yolanda: Me gusta ser abierta con la gente, no me gusta la gente así, muy, . . . muy . . . engreída. Me adapto bien a casi todos los caracteres, ¿no?
Rosa: ¿Eres tímida?
Yolanda: Sí. Yo creo que sí, también.

CD1.54 12

Presenter: ¿Cómo eres?
Tú: *Say 'I'm shy but friendly and hard-working.'*
Soy tímido/a, pero simpático/a, amable y trabajador(a).
Presenter: ¿Cómo es tu hijo?
Tú: *Say 'My son is intelligent, but a bit lazy. He is sensitive and very nervous.'*
Mi hijo es inteligente, pero un poco perezoso. Es sensible y muy nervioso.

Presenter: ¿Cómo es tu hija?
Tú: *Say 'My daughter is also intelligent and responsible, but a bit shy.'*
Mi hija es también inteligente y responsable, pero un poco tímida.

CD1.55 13

Rosa: Dime, ¿qué se toma en Guatemala en las diferentes horas de comer, en el desayuno, la comida, la cena?
Ana Isabel: De desayuno normalmente se come huevos revueltos o fritos con algún tipo de salsa, ya sea un chirmol o salsa verde, frijoles, tortillas, crema con los frijoles y un café.
Rosa: ¿Y esto se toma todos los días?
Ana Isabel: En general sí, en la mayoría de casos.
Rosa: ¿Ése es el desayuno tradicional?
Ana Isabel: Sí, ése es el desayuno típico.
Rosa: ¡Mucho!
Ana Isabel: Sí.
Rosa: Y después, bueno, ¿sobre qué hora se toma el desayuno?
Ana Isabel: Normalmente es a las seis, siete de la mañana.
Rosa: ¡Ah, muy pronto!
Ana Isabel: Sí.
Rosa: Y después a la hora de comer. . . ¿A qué hora se come?
Ana Isabel: A la una.
Rosa: O le llamáis comer o almorzar.
Ana Isabel: Almorzar, sí.
Rosa: ¿Cómo se dice?
Ana Isabel: Almorzar.
Rosa: Ah, eso. Es otra comida fuerte también.
Ana Isabel: Sí, sí, es comida fuerte.
Rosa: ¿Y qué se toma?

Ana Isabel:	Carne, también con chirmol, hay arroz, frijoles, guacamol, plátanos, algo parecido.
Rosa:	¿Y después?
Ana Isabel:	¿De cena?
Rosa:	Sí.
Ana Isabel:	De cena, bueno en mi casa, no sé si es en todas las familias, es algo más liviano, yogur con granola o simplemente fruta.
Rosa:	Y hay también la merienda, porque en España tomamos la merienda entre la comida y la cena.
Ana Isabel:	Nosotros tenemos el cafecito que nos juntamos a tomar un cafecito con algunas galletitas o algo así.
Rosa:	¡Ah, muy bien! Y la cena, ¿a qué hora es? ¿Es tarde?
Ana Isabel:	A las ocho de la noche.
Rosa:	Muy bien.

CD1.56 14

En Guatemala, en el desayuno se toman huevos revueltos o fritos con salsa, tortillas, frijoles con crema y un café. Es el desayuno típico. Normalmente es a las seis o siete de la mañana. La comida es a la una, se llama el almuerzo y es una comida fuerte. Se toma carne con salsa, arroz, frijoles, guacamol y plátanos. De merienda se toma un café y galletas. La cena es a las ocho, es ligera, se toma yogur o fruta.

CD1.57 16a, b

Rosa:	Amparo, ¿cuál es tu profesión?
Amparo:	Mi profesión es enfermera.
Rosa:	¿Y dónde trabajas?
Amparo:	En el hospital clínico universitario de Zaragoza.
Rosa:	¿Dónde está el hospital?
Amparo:	Dentro de la ciudad de Zaragoza, en la calle de San Juan Bosco.
Rosa:	¿Y cómo es?
Amparo:	Es un hospital general que tiene trece plantas. Cada una está destinada a una especialidad.
Rosa:	Y tú, ¿a qué especialidad te dedicas?
Amparo:	Mi especialidad es la de pediatría, y de hecho tengo hecha la especialidad de pediatría que duró dos cursos, aparte de la carrera de enfermera y he trabajado siempre o casi siempre en pediatría.
Rosa:	¿Cuáles son tus horarios?
Amparo:	Totalmente anárquicos. A veces trabajo por la mañana, por la tarde o por la noche. Y en una semana pues puedo ir cambiando de lunes a domingo, y cada día de una cosa, lunes de mañana, martes de tarde, miércoles de noche, el jueves tengo que dormir para recuperarme de la noche, el viernes tengo fiesta, el sábado por la mañana, y el domingo por la tarde. Ésa puede ser una semana mía.
Rosa:	¿Y cuándo trabajas por ejemplo de mañana, de qué hora a qué hora trabajas?
Amparo:	La mañana y la tarde son de siete horas. Por la mañana, de ocho de la mañana a tres de la tarde; por la tarde, de tres a diez de la noche. Los turnos de noche son de diez horas, desde las diez de la noche hasta las ocho de la mañana.

CD1.58 17

Por la mañana no desayuno, pienso en ti. Al mediodía no como, pienso en ti. Por la noche no ceno, pienso en ti. Por la noche no duermo: tengo hambre.

Lección 6

CD1.59 3a, b
1 En la carnicería

Dependienta: Buenas tardes. ¿Deseaba alguna cosa?
Rosa: Sí. Eh . . . Póngame cuatro chuletas de cordero, por favor.
Dependienta: ¿Cómo las prefiere, así gordas o finas?
Rosa: Finas, finas . . .
Dependienta: ¿Deseaba algo más?
Rosa: Sí, medio kilo de salchichas.
Dependienta: ¿Quiere alguna cosa más?
Rosa: No, no, nada más, gracias. ¿Cuánto es?
Dependienta: A ver . . . Cuatro chuletas de cordero son diez euros cincuenta, medio kilo de salchichas, seis euros, en total son dieciséis euros cincuenta.

2 En la pescadería

Dependienta: Buenos días. ¿Qué deseaba?
Rosa: Pues . . . Dos kilos de sardinas y un cuarto de gambas.
Dependienta: Un cuarto de gambas. ¿Quiere alguna cosa más?
Rosa: Un kilo de merluza.
Dependienta: ¿Rodajas o filetes?
Rosa: A rodajas. Y dos truchas.
Dependienta: Dos truchas. ¿Se las limpio?
Rosa: Sí, sí.
Dependienta: ¿Desea alguna cosa más?
Rosa: No, gracias. ¿Cuánto es todo?
Dependienta: Pues, dos kilos de sardinas, siete euros cincuenta, un cuarto de gambas, cinco euros, y un kilo de merluza, once euros setenta y cinco. Y las truchas son siete euros. En total, treinta euros con veinticinco.

3 En la tienda de comestibles

Dependienta: Hola, buenos días, ¿qué desea?
Rosa: Pues, cien gramos de chorizo y cien gramos de jamón.
Dependienta: Bueno, en seguida se lo preparo. Bueno, aquí tiene. ¿Algo más?
Rosa: Sí, una lata de olivas y un litro de aceite y, a ver, media docena de huevos.
Dependienta: De acuerdo. En seguida se lo pongo. Vamos a ver. Aquí lo tiene preparado. ¿Le pongo algo más?
Rosa: No, gracias. ¿Cuánto es?
Dependienta: Pues, cien gramos de chorizo son dos euros cincuenta, cien gramos de jamón son cuatro euros. Después tiene una lata de olivas a dos euros, un litro de aceite a tres euros con cuarenta y media docena de huevos a tres euros veinte. En total son quince euros con diez.
Rosa: Vale. Tenga. gracias.
Dependienta: De nada. Hasta luego.

4 En la panadería

Rosa: Hola, buenas tardes.
Dependienta: Buenas tardes.
Rosa: Deme dos barras de éstas grandes y tres panecillos. ¿Cuánto valen aquellos pasteles de chocolate?
Dependienta: A setenta y cinco céntimos cada uno.

Rosa:	Pues, póngame media docena.
Dependienta:	¿Quiere algo más?
Rosa:	No gracias. ¿Qué le debo?
Dependienta:	Pues, dos barras grandes a un euro cada una, son dos euros. Tres panecillos a cincuenta céntimos cada uno, un euro cincuenta, y los pasteles a setenta y cinco céntimos cada uno, son cuatro euros cincuenta. En total son ocho euros.
Rosa:	Aquí tiene.
Dependienta:	Muy bien gracias. Adiós.

◉ CD1.60 6a, b

Yolanda:	¿Me puede enseñar un diccionario de inglés, por favor?
Dependienta:	¿Qué tamaño es el que quieres?
Yolanda:	Por ejemplo, ése de aquí.
Dependienta:	¿Éste, el mediano? ¿mediano? Vale.
Yolanda:	El pequeño, el pequeño.
Dependienta:	¿Pequeño? Bien, perfecto.
Yolanda:	¿Estas carpetas de aquí están rebajadas, o qué?
Dependienta:	Bueno, están quizás un poco defectuosas, pero . . . te sirven perfectamente, ¿eh?
Yolanda:	Ah, bien, pues me pone estas dos carpetas y el diccionario.
Dependienta:	Vale. ¿Las dos cosas te las llevas?
Yolanda:	Sí.

◉ CD1.61 7

Dependiente:	Buenos días. ¿Qué desea?
Javier:	Buenos días. ¿Tiene esta camisa, ésta misma en verde?
Dependiente:	Pues, en verde no la tenemos. Pero, vamos, tengo un modelo parecido que es posible que le guste.
Javier:	Bueno, pero . . . ¿es más cara?
Dependiente:	No, no, es más barata.
Javier:	Bien, ¿puedo probármela?
Dependiente:	Sí, sí, faltaría más. ¿Qué talla utiliza?
Javier:	Creo que es la treinta y ocho.
Dependiente:	Bien. Ahora se la busco.
	***
Dependiente:	¿Cómo le va?
Javier:	Bien, me va muy bien. Bueno. Me la voy a quedar.
Dependiente:	De acuerdo. Pagará en efectivo o con tarjeta?
Javier:	En efectivo.

◉ CD1.62 10

Dependiente:	¿Qué desea?
Tú:	*Ask 'Do you have this jacket in black?'* ¿Tiene esta chaqueta en negro?
Dependiente:	Pues, en negro no, pero tengo un modelo parecido en marrón oscuro.
Tú:	*Ask 'Is it also in the sale?'* ¿Está rebajada también?
Dependiente:	Sí, claro, todas las chaquetas están rebajadas.
Tú:	*Ask 'Can I try it on?'* ¿Puedo probármela?
Dependiente:	Sí, claro. ¿Qué talla usa?
Tú:	*Say 'I take size 42.'* Uso la talla cuarenta y dos.
Dependiente:	Bien. Pase al probador.
Tú:	*Ask 'Where is the changing room?'* ¿Dónde está el probador?
Dependiente:	Al fondo a la derecha . . . ¿Cómo le va?

Tú:	*Say 'It fits me very well.'* Me va muy bien.
Dependiente:	¿La quiere comprar?
Tú:	*Say 'Yes, I'll take it.'* Sí, me la quedo.
Dependiente:	De acuerdo. ¿Paga en efectivo o con tarjeta?
Tú:	*Say 'I'll pay by card.'* Pago con tarjeta.

 CD1.63 11a, c

1 Tiene la nariz larga. Tiene la boca grande. Tiene los ojos grandes. Tiene el pelo corto y liso. Tiene un pendiente en la oreja.
2 Tiene orejas grandes. Tiene la nariz grande. Tiene tres pelos.
3 Tiene la boca grande. Tiene la nariz grande. Tiene pelo rizado y moreno.
4 Tiene la nariz muy larga. Lleva gafas. No tiene pelo.
5 Tiene la nariz pequeña. Tiene la boca pequeña. Tiene los ojos grandes. Tiene el pelo negro, largo y liso.

CD1.64 12b

El perro es grande, gordo y blanco. El gato es blanco, negro y pequeño. El padre es moreno y alto. Es un poco gordo y lleva gafas. La madre es baja y delgada. Tiene el pelo largo, liso y rubio. El hijo es moreno, alto y delgado. La hija es de estatura mediana. Tiene el pelo largo, rizado y rubio.

CD1.65 15a, c

Rosa:	Ana Isabel, ¿puedes hablarme un poco de los mercados o mercadillos de Guatemala, que creo que son muy famosos?
Ana Isabel:	Sí, en Guatemala son muy famosos los mercados, hay varios. Está el Mercado Central, que queda en la zona uno de Guatemala y se encuentra de todo, hay artesanías, hay fruta, hay bastante comida, que se lleva desde las afueras de Guatemala y se vende. En general es mucho mejor que la que se consigue en los supermercados.
Rosa:	¿Y qué frutas son las que se toman, o sea las frutas típicas?
Ana Isabel:	Pues hay bastante piña, papaya, mango, dependiendo de la época.
Rosa:	Y la artesanía es muy famosa también, creo que es muy bonita ¿no?
Ana Isabel:	Sí, también es muy famosa la artesanía.
Rosa:	¿Qué es lo que hacen como artesanía? ¿Qué es lo que se fabrica?
Ana Isabel:	Pues hay bastantes cosas hechas, son tejidos típicos: se encuentran desde . . ., bueno, simplemente manteles para mesa, o ropa, o incorporado a bolsas, estuches, cuadernos . . . Y también hay artesanías hechas de barro que también son muy famosas.
Rosa:	¿Como esculturas?
Ana Isabel:	Sí, esculturas y jarrones que ésos también están hechos de barro.
Rosa:	Y . . . ¿Los mercadillos cuándo abren?
Ana Isabel:	No sé . . .
Rosa:	¿Hay algún mercado típico en alguna otra ciudad aparte de la capital?
Ana Isabel:	Sí. Está el mercado de Chichicastenango, que es muy famoso, al igual que los mercaditos que hay en la Antigua.

Rosa: Y el de Chichicastenango, ¿cuándo está abierto?
Ana Isabel: Está abierto todos los días y es muy grande, y tiene... la variedad es mayor y muy muy bonitas las cosas que se encuentran.
Rosa: ¿Es artesanía local, hecha por los habitantes de la ciudad?
Ana Isabel: De la región, sí.
Rosa: De la región. ¿Dónde está Chichicastenango?
Ana Isabel: Queda más al norte que la ciudad.

Lección 7
CD2.01 2a
Rosa: Bueno, dime, ¿cómo es tu personalidad? ¿cómo eres?
Ana Isabel: Pues soy una persona bastante desenvuelta, sonriente... me gustaría pensar que educada.
Rosa: Sí, sí lo eres, y muy simpática. ¿Y tus hermanas son como tú?
Ana Isabel: Sí, sí. Somos diferentes, pero nos parecemos.
Rosa: ¿Y tienes muchos amigos o amigas?
Ana Isabel: Sí, sí.
Rosa: ¿Tienes una mejor amiga o un mejor amigo?
Ana Isabel: Sí, tengo dos mejores amigas.
Rosa: ¿Como se llaman?
Ana Isabel: Una se llama Ana.
Rosa: ¡También Ana!
Ana Isabel: Sí, también. Y ella es de Wisconsin, pero vive en Estados Unidos, donde yo vivo. Y la otra se llama Elisa y es hondureña.
Rosa: ¿Y vive en Honduras o en Guatemala?
Ana Isabel: Vive en Tegucigalpa, en Honduras.
Rosa: ¿Y la conociste en Honduras?
Ana Isabel: No, la conocí en Estados Unidos.
Rosa: Ah, en Estados Unidos. ¿Y cómo es Elisa?
Ana Isabel: ¿Físicamente o como persona?
Rosa: Los dos cosas.
Ana Isabel: Físicamente... mide como 1,65, tiene la piel morena, tiene ojos oscuros, pelo negro...
Rosa: ¿Y su personalidad?
Ana Isabel: Es muy... Bueno yo me la paso muy bien con ella es muy educada, es... se lleva bien con todo el mundo, tiene tema de conversación... es inteligente...
Rosa: ¡La amiga perfecta! Muy bien.

CD2.02 4a
Profesor: A ver, señorita, arranque. Siga por aquí. Tome la calle a la derecha... no, no... a la derecha... ahhh, ésta es dirección prohibida... A la derecha, ¡a la derecha! Así, venga, siga, siga... Cuidado, cuidado, pare, pare... el semáforo está en rojo, ¡el semaaaaaforooooo! A ver. Ahora a la izquierda, tome la primera a la izquierda, siga todo recto, pero por la derecha, señorita, por la derecha... que parece usted inglesa... así... no, por el centro de la calle no, ¡por la derecha! siga... ahora tuerza a la derecha... siga... espere, espere... que esto es un paso de cebra... deje pasar a esa señora... espere... frene,

	freneeee... Uff ¡pobre señora! ¡Qué susto le hemos dado! Vale, arranque otra vez. Siga... Aquí, ya hemos llegado, que es aquí... que pare... Oh no, el árbol, el árbol ¡Cuidado que chocamos!... ¡Mire el árbol!
Sara:	¿Cree que aprobaré, profesor?
Profesor:	Pues... no estoy muy seguro...

CD2.03 5a, b

Cliente:	¿Por favor, puede preparar la cuenta para la habitación 310?
Recepcionista:	Sí, señor, ahora mismo. Aquí tiene, señor Martínez, ¿verdad? Habitación 210.
Cliente:	No, no, soy el señor Martín, es la habitación 310.
Recepcionista:	Ah perdone... Sí, aquí está... Cinco noches a media pensión... desayuno y comida.
Cliente:	No, no, tres noches con desayuno sólo.
Recepcionista:	Ah, sí... lo siento, señor... dos noches con desayuno...
Cliente:	No, no, tres noches. ¡Tres noches! ¡con desayuno!
Recepcionista:	Bueno, bueno, señor... tres noches... con desayuno... A ver... de restaurante tienen cinco cenas...
Cliente:	Pero... no es posible... ¿Cinco cenas en tres noches?
Recepcionista:	Ah, sí, sí señor, claro, tres cenas...
Cliente:	No, pero no son tres cenas, sólo es... ¡una cena!
Recepcionista:	Bueno, bueno, señor... por favor... un momento... A ver... sí, una cena... Y cinco llamadas de teléfono...
Cliente:	No, señora... no tengo llamadas del hotel. Tengo mi teléfono móvil.
Recepcionista:	Ah... no tiene llamadas... ¡Qué raro! Aquí hay un error... Bueno... Pero tiene diez horas de internet.
Cliente:	No, no, no. No son diez horas de internet, son tres horas de internet. ¡Señora, está todo mal!
Recepcionista:	Pues... no sé... ¡Ah, claro! Ésta es la cuenta de la habitación 210... El señor de la habitación 210 se llama Martínez, como usted...
Cliente:	Pero yo no me llamo Martínez... me llamo Martín...
Recepcionista:	Ah... sí... de la habitación 210...
Cliente:	¡No! ¡310! ¡310!
Recepcionista:	Bueno, bueno... señor... por favor... perdone... A ver... Aquí está... Usted es el señor Martín de la habitación 310... Cinco noches a media pensión...
Cliente:	¡No, no, no!
Recepcionista:	¡Uf! ¡Qué mal genio tiene este cliente!

Lección 8

CD2.04 7a, b

1 Rosa: Arturo, ¿qué te gusta hacer en tu tiempo libre?

Arturo:	Pues la verdad no me gusta estar solo. Éste... hago lo posible por estar acompañado de mis amigos. Me gusta salir a comer algo o a tomarme una cerveza, o algo por el estilo. Éste... me gusta bailar, me gusta ver películas y pues disfrutar de, pues de lo que es el tiempo libre.
Rosa:	¿Y qué tipo de películas te gustan?
Arturo:	Me gustan mucho las comedias y las de drama. Éste... también me gustan mucho las de acción.
Rosa:	¿Y de música, qué tipo de música te gusta?
Arturo:	Me gusta mucho la música pop... éste... es posiblemente el género que más escucho y el que más me gusta.
Rosa:	Me has dicho que te gusta bailar.
Arturo:	Jazz y hip-hop.
Rosa:	¿Eres bueno?
Arturo:	Muy, muy bueno.
2 Rosa:	Bueno, Ricardo, dime ¿tú qué haces en tu tiempo libre? ¿Qué te gusta... hacer?
Ricardo:	Bueno, contrario a Arturo tal vez, a mí sí me gusta disfrutar mi soledad, leer un libro, ir al gimnasio, ver una película. Claro que también me gusta estar en (con) amigos y salir de fiesta a las discotecas, a un museo, una obra de teatro tal vez.
Rosa:	¿Y qué tipo de películas te gustan a ti?
Ricardo:	Otra vez, contrario a nuestro amigo, a mí me gustan las de terror y suspenso.
Rosa:	¿Y la música? ¿Qué tipo de música te gusta?
Ricardo:	¡Aborrezco el pop!
Rosa:	¡Vaya! Pues también contrario.
Ricardo:	Me agrada mucho la música electrónica y clásica.
Rosa:	¿Y sois amigos?
Ricardo:	¡Muy buenos amigos!
Rosa:	¡Bueno!
Ricardo:	Los opuestos se atraen, o como se dice.
Rosa:	Sí, los opuestos se atraen.

🔘 CD2.05 12a

Rosa:	Dime, ¿cuando estás en Estados Unidos cómo es tu vida diaria?
Ana Isabel:	Pues todos los días voy a clase, depende del día a qué horas tengo clase, y en las noches estudio o salgo con mis amigos.
Rosa:	¿Y te levantas temprano?
Ana Isabel:	Dependiendo a qué horas tengo clase. En general prefiero dormir y acostarme tarde.
Rosa:	Y cuando estás en Guatemala estás de vacaciones.
Ana Isabel:	Sí, pero cambia un poquito.
Rosa:	¿Y qué haces?
Ana Isabel:	Me levanto más temprano, normalmente voy al gimnasio y ya regreso a mi casa, me arreglo y normalmente hay algún evento familiar durante el día o veo a mis amigas o algo, algo así.
Rosa:	Y por las tardes, ¿qué te gusta hacer en tu tiempo libre?
Ana Isabel:	En mi tiempo libre me gusta leer, me gusta jugar tenis, bueno me encanta ver

	revistas como *Vogue* o *Elle*, revistas de moda y . . .
Rosa:	Y los fines de semana, bueno, claro, cuando estás en EU o cuando estás en Guatemala, ¿es diferente?
Ana Isabel:	En Estados Unidos normalmente estudio o me quedo en mi casa, y cuando estoy en Guate, normalmente salgo, hay muchos eventos familiares, y así que, casi todos los fines de semanas hay algún evento familiar o me voy a la Antigua a pasar el fin de semana.
Rosa:	Y cuando vas a la Antigua, ¿qué haces?
Ana Isabel:	Normalmente nos gusta ir temprano para ir a desayunar a un lugar que se llama la Posada de don Rodrigo y de ahí regresamos a la casa a leer, estar descansando y por la tarde salimos a caminar por el pueblo, por la ciudad.
Rosa:	Y en las vacaciones, ¿qué te gusta hacer?
Ana Isabel:	Me gusta leer, me gusta ver a mis amigos.

CD2.06 15

Hoy vamos a hablar sobre México y vamos a darles algunos datos interesantes. Para empezar, unos datos geográficos: México tiene 110 millones de habitantes y tiene frontera con Guatemala. Y para comer y beber no hay que olvidar que la bebida nacional de este país es el tequila y que en México se descubrió el chocolate.
Y ahora algunos datos curiosos: ¿Saben que México tiene el volcán más pequeño del mundo? Sólo mide doce metros.
Y también tiene el árbol vivo más viejo del mundo, que tiene 2.000 años. Y como dato histórico también deben saber que la Ciudad de México se construyó sobre un lago y que organizó los Juegos Olímpicos en 1968. Continuaremos hablando sobre México después de la pausa para la publicidad. ¡Hasta luego!

Lección 9

CD2.07 1a

1 A: ¿Puedes venir de compras conmigo el jueves por la mañana?
   B: Pues el jueves por la mañana no es posible.
   A: ¿Por qué no puedes?
   B: Porque tengo que llevar a mi madre al médico.
   A: ¿A qué hora tienes que ir al médico?
   B: A las once y media.
   A: Bueno, pues podemos quedar por la tarde, después de comer.
   B: Ah, pues sí, mejor después de comer.
2 A: Voy a sacar entradas para la ópera este sábado. ¿Quieres venir?
   B: Pues este sábado no puedo, voy al ballet con mis hijas. ¿Por qué no sacas entradas para el domingo?
   A: Porque el sábado echan *Carmen* y es el último día.
   B: Pues podemos ver otra cosa. ¿Qué ópera echan el domingo?
   A: El domingo echan *Tosca*, pero yo quiero ver *Carmen*.
   B: Pues lo siento, pero es imposible.
   A: Bueno, pues vamos el domingo.

CD2.08 2a

María:	Hola, Carmen.
Carmen:	Hola, María. ¿Qué tal?
María:	Pues muy bien, yo estoy muy bien. Bueno, tengo mucho trabajo y estoy muy cansada, bueno, ¡estoy agotada! Pero, aparte de eso, bien . . .

Carmen:	¿Y qué tal la familia?
María:	Pues muy bien . . . Bueno, Elena está muy triste porque su gato murió el viernes pasado.
Carmen:	¡Oh, pobre gato! ¡Un gato tan cariñoso! ¡Y pobre Elena!
María:	Sí, una pena.
Carmen:	Y Carlitos, ¿cómo está?
María:	Carlitos está muy bien . . . pero . . . está muy resfriado y además está enfadado con su novia y tiene exámenes, así que también está muy nervioso . . .
Carmen:	Pues vaya . . . ¡Pobre Carlitos! ¿Y Javier?
María:	Oh, Javier está fenomenal . . .
Carmen:	¡Ah, pues menos mal!
María:	Sí . . . pero también está preocupado por su trabajo, ya sabes que trabaja por su cuenta y ahora no hay mucho trabajo. Además está bastante resfriado también . . .
Carmen:	Pues . . . ya veo que todos estáis muy bien . . .
María:	Sí, muy bien . . . Bueno, oye, ¿queréis venir cenar el sábado a casa?
Carmen:	Pues . . . no sé . . . Es que . . . tenemos que ir a casa de mis padres . . . Mejor otro día.
María:	Bueno, pues te llamo la semana próxima.
Carmen:	Sí, vale, la semana próxima.

CD2.09 2b

Carmen:	¡Hola! ¿Qué tal?
Tú:	*Say 'I'm well, but I'm very tired and I also have a cold.'* Bien, pero estoy muy cansado/a y también estoy resfriado/a.
Carmen:	¡Vaya! ¿Y qué tal tu hija Elena?
Tú:	*Say 'She's very upset because her cat is ill.'* Está muy triste porque su gato está enfermo.
Carmen:	¡Oh, qué pena! Y Carlitos, ¿cómo está?
Tú:	*Say 'He is very nervous because he has exams.'* Está muy nervioso porque tiene exámenes.
Carmen:	Pues vaya. ¿Y Javier?
Tú:	*Say 'OK. He's worried about his work.'* Regular. Está preocupado por su trabajo.
Carmen:	Pues, lo siento mucho . . .
Tú:	*Say 'Hey, do you all want to come to have dinner at home on Saturday?'* Oye, ¿queréis venir a cenar el sábado a casa?
Carmen:	Pues el sábado no puedo. Mejor otro día.
Tú:	*Say 'OK, I'll phone you next week.'* Bueno, te llamo la semana próxima.

CD2.10 3a, b, c

1. A: Tengo dolor de cabeza.
   B: Tienes que tomar unas pastillas para el dolor de cabeza.
2. A: Estoy aburrido, no tengo amigos.
   B: Tienes que salir más y conocer a gente.
3. A: No quiero trabajar en mi empresa, no me gusta mi jefe.
   B: Tienes que buscar trabajo en otra empresa.
4. A: Estoy enfermo, no sé qué me pasa.
   B: Tienes que ir al médico.
5. A: Estoy en baja forma.
   B: Tienes que hacer ejercicio regularmente.
6. A: Tengo el examen de conducir la semana próxima.
   B: Tienes que tener dos o tres clases antes del examen.

7 A: Tengo un examen y estoy muy nervioso, porque no estoy preparado.
   B: Tienes que estudiar más.
8 A: Estoy muy cansado. No duermo bien.
   B: Tienes que acostarte pronto todos los días.

CD2.11 5a, b

Mari Carmen: A ver si quedamos para salir algún día.
Curro: ¿Te va bien la semana que viene?
Mari Carmen: Pues estoy bastante ocupada.
Curro: ¿Podríamos quedar el jueves? Tengo la tarde libre.
Mari Carmen: Sí, pero es que tengo clases y luego tendré que hacer los deberes.
Curro: ¿Y el viernes?
Mari Carmen: No puede ser, tengo que ir de compras con mi madre.
Curro: ¿Tienes algún rato libre el próximo fin de semana?
Mari Carmen: Pues nos vamos a esquiar a Candanchú.
Curro: Pues oye, no sé.
Mari Carmen: ¿Te va bien el martes o el miércoles?
Curro: El martes no puedo, pero el miércoles por la tarde, si quieres, sí.
Mari Carmen: Vale, entonces, quedamos el miércoles a las seis en la cafetería Imperia.
Curro: Vale, estupendo. Hasta entonces.

CD2.12 6

Amigo: ¿Quieres salir conmigo la semana que viene?
Tú: *Say 'Well, I'm quite busy.'*
Pues estoy bastante ocupado/ocupada.
Amigo: ¿Podríamos quedar el jueves? Tengo la tarde libre.
Tú: *Say 'I can't. I have to study in the afternoon.'*
No puedo, tengo que estudiar por la tarde.
Amigo: ¿Y el viernes?
Tú: *Say 'I can't, I'm going to go shopping.'*
No puedo, voy a ir de compras.
Amigo: ¿Tienes algún rato libre el próximo fin de semana?
Tú: *Say 'I can't, I'm going skiing at the weekend.'*
No puedo. Voy a esquiar el fin de semana.
Amigo: Pues, no sé . . . ¿Te va bien el martes?
Tú: *Say 'Tuesday I can't, I'm going out with my sister.'*
El martes no puedo, voy a salir con mi hermana.
Amigo: ¿Y el miércoles por la tarde?
Tú: *Say 'Yes, Wednesday afternoon I can.'*
Sí, el miércoles por la tarde puedo.
Amigo: Vale. Entonces, quedamos el miércoles a las seis.
Tú: *Say 'Great, what are we going to do?'*
¡Estupendo! ¿Qué vamos a hacer?
Amigo: Podemos ir a cenar a un restaurante.
Tú: *Say 'Yes, let's go for dinner at a Chinese restaurant.'*
Sí, vamos a cenar a un restaurante chino.
Amigo: Vale. ¡Me encanta la comida china!

CD2.13 7a, b

Yolanda: ¿Qué hacemos? ¿Adónde vamos?
Javier: ¿Te gustaría ir a cenar a algún restaurante?

Yolanda: No, no me apetece. Además, ya sabes que no me gusta comer fuera de casa. Podríamos cenar algo en casa y después ir al teatro.
Javier: No, no, me aburro mucho. Oye, ¿por qué no vamos a bailar? Creo que han abierto una discoteca buena.
Yolanda: ¡Por favor! Sabes perfectamente que no me gusta bailar. ¡Ya sé! ¿Te apetece ir a patinar?
Javier: Ah, sí, me gustaría, pero me duele mucho el pie, me torcí el tobillo el otro día.
Yolanda: Pues ¡vaya! No sé lo que podemos hacer.
Javier: Vamos al cine.
Yolanda: ¿Otra vez? Bueno, vamos.

CD2.14 8

Tú: *Ask 'What shall we do, where shall we go?'*
¿Qué hacemos? ¿A dónde vamos?
Amigo: ¿Te gustaría ir a cenar a algún restaurante?
Tú: *Say 'No, I'm not hungry, I prefer to go to the theatre.'*
No, no tengo hambre, prefiero ir al teatro.
Amigo: No, no, el teatro no me gusta. Oye, ¿por qué no vamos al cine?
Tú: *Say 'I don't feel like it. We always go to the cinema.'*
No me apetece. Siempre vamos al cine.
Amigo: ¿Por qué no vamos a bailar?
Tú: *Say 'You know I don't like dancing.'*
Sabes que no me gusta bailar.
Amigo: Pues ¡vaya! No sé lo que podemos hacer.
Tú: *Say 'Let's go to a bar for a drink.'*
Vamos a un bar a tomar algo.
Amigo: Bueno.

CD2.15 12a, b

Carlos: ¿Vamos al cine?
Rosa: Pues, es que fui ayer y no me apetece ir otra vez hoy.
Carlos: ¿Qué película viste?
Rosa: Vi *Celda 211*.
Carlos: ¿Ah, sí? ¿Qué tal? Dicen que es muy buena, pero muy fuerte y violenta.
Rosa: Sí, es una película dura, pero buenísima... ¡Qué tensión!
Carlos: Pero dicen que la historia es una pesadilla. ¿Es de terror?
Rosa: No, de terror, no. Es de acción, de intriga, estás en tensión toda la película. ¡Es una historia terrible! La verdad es que sí es muy fuerte.
Carlos: Pues no sé si la quiero ver, no me gustan ese tipo de películas.
Rosa: Pues te la recomiendo. El director se llama Daniel Monzón y está basada en una novela de Francisco Pérez.
Carlos: ¿Y quién es el protagonista?
Rosa: Bueno, los protagonistas, porque hay más de uno. Para mí el mejor es Luis Tosar, el actor que hace el papel de "Malamadre", un preso muy peligroso, es fantástico. Y el otro es Alberto Ammann, que hace el papel de Juan, un funcionario de prisiones y es excelente. También actúa Carlos Bardem, el hermano de Javier Bardem, que hace el papel de un preso colombiano. También es muy bueno.
Carlos: ¡Ah! ¿Y de qué trata la película?
Rosa: Pues la historia tiene lugar en una cárcel, por eso se llama *Celda 211* y hay un problema con los presos... Pero mejor no te la cuento porque tienes que ir a verla.

Lección 10

CD2.16 1a, b

Isabel: Por favor, ¿a qué hora hay trenes para Málaga mañana?

Empleado: Hay un Intercity que sale a las ocho de la mañana, el AVE que sale a las doce del mediodía y un Talgo que sale a las dos de la tarde, pero tiene que cambiar de tren en Madrid.

Isabel: ¿Cuál es el más rápido?

Empleado: El AVE es el más rápido. Sólo para en Madrid y después en dos o tres estaciones más. También es el más caro, claro. El Intercity para en muchas estaciones y es más lento, y es mucho más barato que los otros trenes. El Talgo tarda más que el AVE pero mucho menos que el Intercity.

Isabel: ¿Cuánto tiempo tarda el AVE?

Empleado: El AVE tarda unas cuatro horas. Llega a Málaga a las cuatro de la tarde. ¡Es rapidísimo!

Isabel: Bien, deme tres billetes de ida y vuelta para el AVE de las doce, por favor. ¿Puedo reservar asientos?

Empleado: Pues no es necesario, los asientos están reservados con el billete. ¿Qué clase quiere? Hay clase turista, preferente y club.

Isabel: Deme preferente, por favor. ¿Hay restaurante en el tren?

Empleado: Sí, claro, pero en clase preferente le sirven el desayuno y la comida. También le dan periódicos y revistas gratis. Es un servicio excelente.

Isabel: ¡Ah, estupendo!

Empleado: Quiere ida y vuelta, ¿verdad? ¿Cuándo quieren volver?

Isabel: El domingo por la tarde. ¿Hay AVE?

Empleado: Sí, claro. A ver... El AVE sale de Málaga el domingo a las 16:50 y llega a las 20:39 a Zaragoza.

Isabel: Muy bien. ¿Cuánto es?

Empleado: A ver... el billete de ida y vuelta en clase preferente son doscientos euros.

Isabel: Ah, una cosa, ¿hacen descuento a estudiantes?

Empleado: Sí, si tiene el carnet de estudiante el billete cuesta ciento cincuenta euros.

Isabel: Pues dos billetes para estudiantes y uno normal. Aquí tiene los carnets.

Empleado: Muchas gracias. Pues así son, trescientos más doscientos... quinientos euros. Compruebe los billetes, por favor.

CD2.17 2

Tú: *Ask at what time there are trains to Malaga tomorrow.*
¿A qué hora hay trenes para Málaga mañana?

Empleado: Hay un AVE que sale a las diez y media de la mañana y un Talgo que sale a la una de la tarde.

Tú: *Ask which one is faster.*
¿Cuál es más rápido?

Empleado: El AVE es el más rápido.

Tú: *Ask how long the AVE takes.*
¿Cuánto tiempo tarda el AVE?

Empleado: El AVE tarda unas cuatro horas. Llega a Málaga a las dos y media de la tarde.

Tú: *Say 'OK, I'd like three return tickets.' Ask if you can reserve seats.*

	Bien, deme tres billetes de ida y vuelta para el AVE, por favor. ¿Puedo reservar asientos?
Empleado:	No es necesario. ¿Qué clase quiere? Hay clase turista, preferente y club.
Tú:	*Say 'I'd like* preferente, *please.'* Quiero preferente, por favor.
Empleado:	¿Cuándo quieren volver?
Tú:	*Say 'We want to return on Sunday evening.'* Queremos volver el domingo por la tarde.
Empleado:	Muy bien.
Tú:	*Ask how much the tickets cost.* ¿Cuánto cuestan los billetes?
Empleado:	A ver... el billete de ida y vuelta en clase preferente son doscientos euros.
Tú:	*Ask if there's a discount for students.* ¿Hacen descuento a estudiantes?
Empleado:	Sí, si tiene el carnet de estudiante el billete cuesta ciento cincuenta euros.
Tú:	*Say 'In that case, I want two student tickets and one normal one.'* Pues quiero dos billetes para estudiantes y uno normal.
Empleado:	Muchas gracias. Pues así son quinientos euros.

CD2.18 3

1 Rápido Talgo, procedente de Madrid-Chamartín, con destino a Barcelona, se encuentra estacionado en la vía número cuatro. Va a efectuar su salida dentro de breves momentos. Su composición es de coches de primera y de segunda clase. Los coches de primera clase circulan en cola de tren.
2 Tren Tranvía con destino a Mora la Nueva, estacionado en la vía número uno, efectuará su salida dentro de breves momentos.
3 Electrotrén, procedente de Vigo, con destino a Barcelona-Término, circula con media hora de retraso. Efectuará su entrada en esta estación a las diecinueve horas veinticuatro minutos.
4 Tren Talgo, procedente de Barcelona-Término, con destino Madrid-Chamartín, efectuará su entrada en esta estación dentro de cinco minutos por la vía número dos.

CD2.19 5a, b, c

Luis:	Por favor, ¿la plaza de Roma está cerca?
Mujer:	Pues, no, no.
Luis:	¿Se puede ir andando?
Mujer:	No, no. Tiene que tomar el autobús.
Luis:	Pues es que prefiero andar.
Mujer:	Pero tardará más de una hora, esa plaza está al otro lado de la ciudad.
Luis:	¿Qué autobús tengo que tomar?
Señor:	Tiene que tomar el veintitrés hasta la plaza de Castilla y allí bajar y tomar el veintisiete, que lo lleva hasta la plaza de Roma.
Luis:	¿Sabe usted dónde está la parada?
Señor:	Pues, es aquélla de enfrente, la de la derecha.
Luis:	Muchas gracias.

CD2.20 7

Rosa:	¿Cómo te llamas?
Ricardo:	Mi nombre es Ricardo.
Rosa:	Ricardo, ¿qué planes tienes para este año nuevo, que acaba de empezar?
Ricardo:	Continuaré mis estudios de política para graduarme el año que viene.

Rosa: ¿Y después volverás a México?
Ricardo: Volveré para las vacaciones de verano, pero regresaré a Londres para continuar estudiando.
Rosa: ¿Y qué harás en las vacaciones de verano?
Ricardo: Iré a la playa, festejaré con mis amigos y me divertiré en familia.
Rosa: ¿Cuánto tiempo pasarás allí?
Ricardo: Supongo que dos o tres meses.
Rosa: Y en el futuro, ¿qué harás? ¿Cuáles son tus planes para el futuro?
Ricardo: Permaneceré en Londres, o por lo menos en Europa, y trabajaré igualmente en Europa.
Rosa: ¿Qué tipo de trabajo crees que harás?
Ricardo: Relacionado a la política, o si no a bancos o compañías, corporaciones grandes.
Rosa: Muchas gracias.

CD2.21 10a

1 Hola Isabel, soy José. Mañana voy a ir al gimnasio. Iré por la mañana, a eso de las diez y haré un poco de ejercicio, nadaré en la piscina y después estaré en la sauna un rato. ¿Quieres ir al gimnasio conmigo? Te llamaré luego.

2 Hola Isabel, soy Susana, ya veo que no estás en casa. ¡Nunca estás en casa! Bueno, mañana es mi cumpleaños y voy a dar una fiesta en mi casa el sábado para celebrarlo. Será a partir de las ocho de la tarde. ¡Ah! Habrá comida, pero, ¿puedes traer algo de beber? Hasta el sábado.

3 Hola Isabel, soy Pedro. El domingo iré con mi familia a comer a un restaurante vietnamita muy bueno. Sé que te encanta la comida vietnamita. ¿Quieres ir con nosotros? Iremos a las dos de la tarde.

4 Hola Isabel. Soy Elena. El viernes iré de compras, ¡hay que aprovechar las rebajas! Quiero ir al centro sobre las once de la mañana y estar todo el día por las tiendas. ¿Vendrás conmigo? Después iremos a merendar un chocolate con churros. ¿Puedes llamarme?

CD2.22 15a, b, d

Buenas tardes, señoras y señores. A continuación vamos a darles el programa de actividades para los tres próximos días. Mañana, viernes, vamos a hacer una visita a La Habana Especial. Saldremos del hotel a las ocho de la mañana y comenzaremos la visita de la ciudad a pie. Primero recorreremos la parte oriental con sus principales calles y plazas, la catedral y un museo. Después comeremos en un restaurante típico. Por la tarde visitaremos la Habana moderna y tendrán tiempo libre para compras. Después volveremos al hotel y nos cambiaremos de ropa. Después saldremos a cenar a un excelente restaurante, y una vez terminada la cena, asistiremos a un espectáculo del cabaret más conocido del Caribe: Tropicana. Regresaremos al hotel hacia la una de la madrugada.

Pasado mañana, sábado, tendremos la excursión Guamá especial. Saldremos del hotel a las siete y media de la mañana hacia el sur. Llegaremos al centro turístico de Guamá donde visitaremos los criaderos de cocodrilos. Después viajaremos en barca a la aldea Taina, que es como una aldea antigua. Comeremos allí, probaremos los magníficos mariscos de la zona, y después iremos a Playa Girón, en la Bahía Cochinos. Allí tendremos tiempo libre y podrán bañarse. Volveremos al hotel hacia las siete de la tarde.

Y por fin, el domingo iremos de safari. Será una aventura de ciento ochenta kilómetros de recorrido en jeep. Viajaremos por caminos, ríos, valles, cuevas . . . sitios históricos y poco turísticos. Pasearemos a caballo, iremos en barca. La salida del hotel será a las seis de la mañana y volveremos sobre las seis de la tarde.

Esperamos que les guste el programa. Y ahora, vamos a pasar al bar a tomar un cóctel antes de acostarnos.

Lección 11

🔘 CD2.23 1a

Javier: Dígame.
Rosa: Hola, Javier. Soy yo, Rosa.
Javier: Hola, ¿qué tal?
Rosa: Muy bien, ¿y tú?
Javier: Estoy bien. Estoy en casa de mis padres, en la montaña, voy a pasar unos días con ellos.
Rosa: ¿Y qué tiempo hace por ahí?
Javier: Aquí hace mucho frío y nieva mucho, pero está todo muy bonito con la nieve. El problema es que es difícil conducir, las carreteras están heladas.
Rosa: ¿Vas a esquiar?
Javier: Sí, mañana subiré a las pistas y pasaré todo el día esquiando.
Rosa: ¡Ay, qué bien!
Javier: ¿Y qué tal por Málaga?
Rosa: Pues aquí hace calor, voy a la playa todos los días, aunque el agua está muy fría aún.
Javier: Sí, claro.
Rosa: Pero dicen que mañana cambiará el tiempo, que hará mucho viento y lloverá un poco.
Javier: Bueno, Rosa, tengo que irme. Diviértete mucho. ¡Hasta la semana que viene!
Rosa: ¡Adiós, Javier!

🔘 CD2.24 3

Javier: Dígame.
Tú: *Say 'Hello' and say who you are.*
Hola, Javier. Soy yo, ...
Javier: Hola, ¿qué tal?
Tú: *Say 'I'm very well' and ask him how he is.*
Muy bien, ¿y tú?
Javier: Estoy bien. Estoy en casa de mis padres, en la montaña.
Tú: *Ask what the weather is like there.*
¿Y qué tiempo hace por ahí?
Javier: Aquí hace mucho frío y nieva mucho.
Tú: *Ask him if he's going skiing.*
¿Vas a esquiar?
Javier: Sí, mañana pasaré todo el día esquiando.
Tú: *Say 'That's great!'*
¡Ay qué bien!
Javier: ¿Y qué tal por Málaga?
Tú: *Say 'It's hot. I go to the beach every day, but the water is still very cold.'*
Pues aquí hace calor, voy a la playa todos los días, pero el agua está muy fría aún.
Javier: Sí, claro.
Tú: *Say 'Tomorrow the weather will change, it will be very windy and will rain a bit.'*
Mañana cambiará el tiempo, hará mucho viento y lloverá un poco.
Javier: Bueno. ¡Hasta la semana que viene!

🔘 CD2.25 6

1 Michael: Dígame.
　Carmen: ¿Está Ana?
　Michael: No, no está.
　Carmen: Soy Carmen, ¿podría dejarle un recado?
　Michael: Sí, sí, claro.
　Carmen: Dile que me espere mañana a las nueve en la puerta del instituto. Tengo que devolverle los libros.

2 Michael: Dígame.
　Javier: ¿Está José Luis?
　Michael: No, no está, ha salido.
　Javier: Ah, mira, soy Javier. ¿Puedes decirle que me

		llame cuando vuelva? Tengo que hablar con él.
3	Michael:	Dígame.
	Alicia:	¿Puedo hablar con mi hermana Rosa, por favor?
	Michael:	Pues acaba de salir hace un momento. ¿Quiere dejarle un recado?
	Alicia:	Sí, dígale que . . .
	Michael:	Espere un momento que lo apunto, ¿de parte de quién es?
	Alicia:	Sí, mire, dígale que es de parte de su hermana Alicia; que la espero mañana a las tres de la tarde en la Cafetería Las Vegas.
	Michael:	Muy bien, se lo diré sin falta.

◉ CD2.26 7

1	Amigo:	Dígame.
	Tú:	*Say 'Is María there?'* ¿Está María?
	Amigo:	No, no está.
	Tú:	*Say 'Can I leave a message?'* ¿Puedo dejar un recado?
	Amigo:	Sí, sí, claro. ¿De parte de quién?
	Tú:	*Say your name. Say 'Please tell her that I will meet her at three o'clock this afternoon at the bar España.* De . . . Por favor, dile que la espero esta tarde a las tres en el bar España.
2	Amigo:	Dígame
	Tú:	*Say 'Is María there?'* ¿Está María?
	Amigo:	No, no está.
	Tú:	*Say 'Can I leave a message?'* ¿Puedo dejar un recado?
	Amigo:	Sí, sí, claro. ¿De parte de quién?
	Tú:	*Say your name. Say 'Please tell her that this evening I'm going to the cinema at seven and I have a ticket for her.'* De . . . Por favor, dile que esta tarde iré al cine a las siete y tengo una entrada para ella.
	Amigo:	Vale.

◉ CD2.27 9

1	María:	Hola, Juan, estoy comprando en el mercado. ¿Compro carne o pescado para la cena?
	Juan:	Pues no sé . . . prefiero pescado.
	María:	¿Otra vez? Bueno, ¿qué pescado prefieres?
	Juan:	Prefiero merluza . . .
	María:	¡Ay pero siempre estamos comiendo merluza!
	Juan:	Pero es más sano que la carne y nos gusta mucho . . .
	María:	Bueno, te gusta a ti! A mí me gusta más la carne.
2	María:	Hola, Ana. Estoy eligiendo un vestido para una fiesta, pero no sé qué color comprar, hay un vestido muy bonito en verde y en negro. ¿Qué me aconsejas?
	Ana:	Bueno, a ti te va muy bien el verde, el negro no sé . . . ¿La fiesta es por la noche?
	María:	Sí, es por la noche.
	Ana:	Pues . . . entonces el negro te irá mejor.
	María:	Sí, tienes razón, el negro es más elegante para la noche, pero me gusta más el verde . . . No sé qué hacer . . .
	Ana:	Pues compra los dos.
	María:	No, no tengo dinero . . .
	Ana:	Pero estás ganando mucho dinero . . . ¿En qué lo gastas?
	María:	¡En ropa!

CD2.28 10

1 Amigo: Hola, ¿estás en el mercado?
Tú: *Say 'Yes, I'm shopping in the market.'*
Sí, estoy comprando en el mercado.
Amigo: ¿Puedes comprar manzanas?
Tú: *Say 'Yes, I'm buying fruit at the moment.'*
Sí, estoy comprando fruta en este momento.
Amigo: Perfecto, pues compra manzanas, por favor.

2 Amigo: Hola, ¿dónde estás?
Tú: *Say 'I'm buying a coat.'*
Estoy comprando un abrigo.
Amigo: ¿De qué color es?
Tú: *Say 'It's green and I love it.'*
Es verde y me encanta.
Amigo: Pero el color verde no te va . . .
Tú: *Say 'I can't talk, I'm trying the coat on.'*
No puedo hablar, estoy probándome el abrigo.
Amigo: Pero el verde no te favorece nada.
Tú: *Say 'I like it very much and I'm going to buy it.'*
Me encanta y lo voy a comprar.

CD2.29 11

Rosa: ¿Puedes hablarme un poquito del clima en México en las distintas regiones o partes de México?
Ricardo: Claro. Siendo México un país bastante grande, el clima es variado. En el norte suele ser más templado, aunque llega a ser bastante caluroso durante tiempos en verano. En el sur, como en la Península de Yucatán, el clima es tropical, húmedo y bastante caluroso, y en el centro, de donde vengo yo, el clima es desértico y a la vez templado, y suele oscilar entre muy caluroso y muy frío.
Rosa: ¿Y entonces me estás hablando del verano y del invierno, el verano y el invierno son como aquí, por ejemplo diciembre es invierno, o . . .?
Ricardo: Sí, sí, es . . . invierno es durante diciembre y verano . . . estamos muy arriba del ecuador, México.
Rosa: Y en tu ciudad entonces, ¿la temperatura baja mucho?
Ricardo: Llega tal vez a los siete o seis grados, aunque ha llegado a nevar incluso.
Rosa: ¿Y qué montañas son las que están cerca de tu ciudad?
Ricardo: Las más cercanas a León que puedo pensar están en el estado de México, Popocatépetl.
Rosa: O sea que están muy lejos.
Ricardo: Bastante. Hay montañas pequeñas, pero las importantes están más lejos.
Rosa: Y playas tampoco.
Ricardo: No, no están las playas . . . La más cercana está a ocho horas desgraciadamente.
Rosa: O sea que estáis en medio . . . en el desierto.
Ricardo: En medio de la nada. Así es.

CD2.30 13a

Ana
Yo voy a estudiar en la universidad el año próximo, pero éste es mi año sabático y estoy trabajando y ganando dinero para pagarme la carrera de Economía porque es muy cara. Mi madre no puede ayudarme porque aunque está trabajando en una tienda, gana muy poco dinero.
Bueno, yo no gano mucho, pero estoy

ahorrando algo, poco, pero suficiente, porque también viajo alguna vez, generalmente los fines de semana. Estoy aprovechando los vuelos tan baratos que hay y estoy conociendo muchas ciudades de Europa.

CD2.31 14a, b

1 Isabel: Estoy fregando los platos, ¿por qué no me ayudas a secarlos?
   Tessa: No puedo, estoy estudiando.
2 Isabel: Estoy lavando la ropa, ¿por qué no la tiendes tú?
   Tessa: No puedo, estoy hablando por teléfono.
3 Isabel: Estoy haciendo las camas, ¿por qué no limpias tú el polvo?
   Tessa: No puedo, estoy escuchando música.
4 Isabel: Estoy preparando la comida, ¿por qué no pones la mesa?
   Tessa: No puedo, estoy leyendo una revista.
5 Isabel: Estoy planchando la ropa, ¿por qué no la pones en el armario?
   Tessa: No puedo, estoy escribiendo unos emails.
6 Isabel: Estoy preparando un pastel, ¿por qué no te lo comes tú?
   Tessa: No pue... Oh, eso sí que puedo. Ummm ¡gracias!

CD2.32 15

1 Isabel: ¿Me ayudas a fregar los platos?
   Tú: *Say 'I can't, I'm studying.'*
   No puedo, estoy estudiando.
2 Isabel: ¿Por qué no limpias la habitación?
   Tú: *Say 'I can't, I'm on the phone.'*
   No puedo, estoy hablando por teléfono.
3 Isabel: ¿Por qué no limpias tú el polvo?
   Tú: *Say 'I can't, I'm listening to music.'*
   No puedo, estoy escuchando música.
4 Isabel: ¿Por qué no pones la mesa?
   Tú: *Say 'I can't, I'm reading a magazine.'*
   No puedo, estoy leyendo una revista.
5 Isabel: ¿Por qué no planchas tú la ropa?
   Tú: *Say 'I can't, I'm writing some emails.'*
   No puedo, estoy escribiendo unos emails.

Lección 12

CD2.33 2a

Amiga: ¿Qué tal lo pasaste ayer, Isabel?
Isabel: Pues tuve un día estupendo porque no tuve clases y tuve todo el día libre.
Amiga: ¿Y por qué tuviste el día libre?
Isabel: Los miércoles siempre tengo el día libre.
Amiga: ¡Ah, qué bien! ¿Y qué hiciste entonces? ¿Estudiaste?
Isabel: Bueno... no mucho... Me levanté pronto, a las ocho, y desayuné y entonces estudié una hora o así, desde las nueve hasta las diez. Entonces me vestí para salir y sobre las once fui de compras a las rebajas.
Amiga: ¿Compraste muchas cosas?
Isabel: Sí, bastantes... Compré bastante ropa, dos pares de zapatos y un bolso. Después, a las dos, comí en un restaurante con una amiga y después de comer fuimos al cine, a la sesión de las cuatro.
Amiga: ¡Qué bien!
Isabel: Sí, lo pasé muy bien.
Amiga: ¿Y saliste por la noche?
Isabel: Sí. Por la tarde, a eso de las siete,

volví a casa un poco cansada, pero descansé un rato y a las nueve salí con mi novio a cenar. Después fuimos a una discoteca a las once. Bailé toda la noche ... hasta las tres de la mañana. Entonces me acosté.

Amiga: Pues un día estupendo, ¿no?
Isabel: Sí, ¡pero muy largo! Y ahora estoy muy cansada y hoy tengo clases todo el día.
Amiga: ¡Claro! ¡Pero es que ayer no paraste!

💿 CD2.34 3

Amiga: ¿Qué tal lo pasaste ayer?
Tú: *Say 'I had a wonderful day because I had the whole day off.'*
Tuve un día estupendo porque tuve todo el día libre.
Amiga: ¿Y por qué tuviste el día libre?
Tú: *Say 'On Wednesday I always have the day free.'*
Los miércoles siempre tengo el día libre.
Amiga: ¡Ah, qué bien! ¿Y qué hiciste?
Tú: *Say 'I got up early, got dressed and went shopping.'*
Me levanté pronto, me vestí y fui de compras.
Amiga: ¿Compraste muchas cosas?
Tú: *Say 'Yes, I bought a lot of clothes. Then I had lunch in a restaurant with a girlfriend.'*
Sí. Compré mucha ropa. Después comí en un restaurante con una amiga.
Amiga: ¡Qué bien!
Tú: *Say 'Yes, I had a very good time.'*
Sí, lo pasé muy bien.
Amiga: ¿Y saliste por la noche?
Tú: *Say 'Yes, I went to a club and danced all night.'*
Sí, fui a una discoteca y bailé toda la noche.

💿 CD2.35 7a, b, d

Rosa: Alicia, ¿adónde fuiste de vacaciones?
Alicia: A Egipto.
Rosa: ¿Y cuándo fuiste?
Alicia: Del veintitrés de noviembre al treinta de noviembre.
Rosa: ¿Y qué hiciste?
Alicia: Pues fuimos de Zaragoza en avión a Luxor, de Luxor fuimos en una motonave, navegando por el Nilo, y luego pues fuimos pues a ver todo lo que existe, que hay mucho, en Egipto.
Rosa: ¿Y te gustó?
Alicia: Sí, muchísimo.
Rosa: ¿Qué es esto? ¿El programa?
Alicia: Sí. Pues mira, por ejemplo, de Luxor después estuvimos en Esna, en Edfu, Kom Ombo, Aswan, Abu Simbel ...
Rosa: ¡Un montón de sitios!
Alicia: ... El Cairo.
Rosa: ¿Y qué te gustó más?
Alicia: Umm ... Casi no te podría decir, yo creo que todo, todo.
Rosa: ¿Te gustó más Luxor o par ejemplo El Cairo?
Alicia: Bueno las pirámides de El Cairo muchísimo, pero en sí, El Cairo no lo vi porque son veinte millones de habitantes, con lo cual no puedes verlo, porque además no vas a ver la ciudad, vas a ver las pirámides y lo que existe en Egipto que es muchísimo de antes y después de Jesucristo.
Rosa: Muy bien. ¿Y cómo fuisteis, con un grupo o vosotros solos?
Alicia: Fuimos en grupo, un grupo que organiza una caja de ahorros de aquí de Zaragoza y ... bueno ...
Rosa: ¿Fuisteis mucha gente?
Alicia: Sí. Fuimos un grupo de cien personas.

Rosa: Pues mucha gente.
Alicia: Sí.
Rosa: ¿Y estuvisteis en hotel?
Alicia: Estuve en una motonave que va por el Nilo y luego después, en El Cairo, en un hotel.

CD2.36 10a, c

Rosa: Bueno, Ricardo, háblame un poquito de tu vida.
Ricardo: Bueno, yo nací aquí, en Londres, viví hasta mis dos años y nos mudamos a Luxemburgo hasta los cinco. Entonces nacieron mis hermanas en México, dos hermanas gemelas. Eh . . . de allí en más . . . Vivimos en León, Guanajuato, México . . . A los doce años me fui a Irlanda a estudiar durante un año. La Preparatoria regresé a México para estudiarla y estuve ocho meses de intercambio en Canadá, en Quebec.
Rosa: ¿La Preparatoria qué es?
Ricardo: Preparatoria son tres años antes de la universidad, después de secundaria, equivalentes a *A Levels* aquí.
Rosa: Ah, sí, sí, como un bachillerato.
Ricardo: Como preparación, un bachillerato exactamente, un bachillerato.
Rosa: ¿Y por qué naciste tú aquí en Londres? ¿Tus padres son de aquí?
Ricardo: Eh, no, mis padres son mexicanos. Mi padre trabaja en City Bank, entonces se ha cambiado de bastantes lugares.
Rosa: ¿Y tienes hermanos? Me has dicho dos hermanas . . .
Ricardo: Tengo dos hermanas gemelas que al momento están estudiando en León.
Rosa: Entonces tú, cuando volviste, hiciste la Preparatoria. ¿Y luego qué hiciste?
Ricardo: Durante la Preparatoria viví en Quebec para aprender francés, y luego, graduándome del bachillerato, vine a . . . a Londres otra vez para . . . universidad
Rosa: O sea, que estudiaste . . . ¿En la universidad en México no estudiaste?
Ricardo: No. Empecé aquí la universidad.

CD2.37 11a, c

Ricardo nació en Londres, vivió en Londres con su familia hasta los dos años y después fue a Luxemburgo hasta los cinco años. Entonces volvió a México y allí nacieron sus hermanas gemelas. A los doce años fue a Irlanda a estudiar durante un año. Regresó a México para estudiar la Preparatoria durante tres años. Durante la Preparatoria estuvo ocho meses de intercambio en Canadá, en Quebec. Cuando terminó el bachillerato volvió a Londres otra vez para estudiar en la universidad.

CD2.38 16a

Rosa: Arturo, por favor, dime, ¿qué hiciste en las vacaciones pasadas?
Arturo: En las vacaciones pasadas estuve trabajando en una compañía de abogados y también tomé un curso de verano en mi universidad. Y . . . viajé las últimas dos semanas de julio. Fui a Cancún, y a León, y a Guanajuato.
Rosa: ¿Y qué hiciste allí?
Arturo: Pues salí con mis amigos, con mi familia y aproveché para despedirme porque me iba a venir a Londres en agosto.

Rosa: ¿O sea que trabajaste mucho durante las vacaciones?
Arturo: Trabajé un mes y medio solamente porque era un curso, como un *internship*, pero era el tiempo que duraba.
Rosa: ¿Y ahora, en Navidad, fuiste a algún lugar?
Arturo: Sí. Fui a... Regresé a México con mi familia, pasé Navidad con, pues con todos mis seres queridos, y después me fui a Las Vegas a pasar el Año Nuevo.
Rosa: ¿Y qué hiciste en Las Vegas?
Arturo: Este...
Rosa: ¿Jugaste?
Arturo: Sí, sí, jugué.
Rosa: ¿Y ganaste?
Arturo: Sí, sí, gané... ¡y mucho!
Rosa: ¡Uy qué bien!
Arturo: Y fui a...
Rosa: No nos dices cuánto ¿no?
Arturo: No. Fui a varios shows, varios espectáculos y también salí de fiesta con mis amigos y mi familia.

Lección 13

CD2.39 1a, b

Doctor: ¿Qué le duele?
Pedro: Me duele la garganta, me duele el pecho, me duele la cabeza. Me duelen los brazos y las piernas, me duele la espalda... ¡Me duele todo el cuerpo!
Doctor: ¿Tiene fiebre?
Pedro: Sí, tengo fiebre y tengo mucha tos, especialmente por la noche.
Doctor: Pues tiene la gripe. Tiene que ir a casa y meterse en la cama inmediatamente. Ah y tiene que tomar estas pastillas y beber mucha agua y líquidos.
Pedro: Pero... tengo que trabajar... ¿Cuántos días tengo que estar en casa?
Doctor: Pues una semana o diez días.

CD2.40 3

Medico: Hola. ¿Qué te pasa?
Gustavo: Me duele mucho la garganta.
Medico: ¿Cuánto hace que estás así?
Gustavo: Pues empezó a dolerme ayer por la tarde.
Medico: ¿Tienes tos?
Gustavo: Sí, pero no mucha.
Medico: Mira, tienes la garganta muy irritada, pero me parece que sólo es un principio de catarro. No tienes fiebre. Tómate estas pastillas y no vayas a la piscina durante tres o cuatro días. Ya verás como se te pasa en seguida.
Gustavo: ¿Tengo que tomar todas las pastillas?
Medico: Sí, si no te las tomas todas, no te harán efecto.
Gustavo: Vale, gracias. Adiós.
Medico: Adiós. Pero, sobre todo, no te bañes.

CD2.41 4

1 Médico: Buenos días. ¿Qué le pasa?
Tú: *Say 'My throat aches a lot and I have a headache.'*
Me duele mucho la garganta y tengo dolor de cabeza.
Médico: ¿Cuánto hace que está así?
Tú: *Say 'It started yesterday morning.'*
Empezó ayer por la mañana.
Médico: ¿Tiene tos?
Tú: *Say 'Yes, but not a lot.'*
Sí, pero no mucha.
Médico: ¿Tiene fiebre?
Tú: *Say 'No, I don't have a temperature.'*
No, no tengo fiebre.

	Médico:	Sólo es un catarro. Tome estas pastillas para la tos.
2	Médico:	¿Qué le pasa?
	Tú:	*Say 'I have a cold and a bad cough.'*
		Tengo un catarro y mucha tos.
	Médico:	Tiene que tomar este jarabe.
	Tú:	*Say 'I don't like syrup, I prefer tablets.'*
		No me gusta el jarabe, prefiero pastillas.
	Médico:	Bueno, pues tome estas pastillas.
	Tú:	*Ask 'How long do I have to take the tablets?'*
		¿Cuánto tiempo tengo que tomar las pastillas?
	Médico:	Cinco días.

CD2.42 7

Médico:	Bueno, Isabel, ¿qué te pasa?
Isabel:	Me duele mucho la pierna, casi no puedo andar. Esta mañana he resbalado y me he caído en la calle. Me he dado un golpe muy fuerte. Y también me he hecho daño en la muñeca. No puedo mover la mano.
Médico:	Vamos a ver... Quizás tienes un esguince. ¿Te duele aquí?
Isabel:	¡Ay, sí! Me duele mucho.
Médico:	Hay que hacer rayos X.

***

Médico:	Bueno. Lo del pie no es muy importante, es sólo el golpe, ¿eh? Pero la muñeca está rota y hay que ponerte escayola.
Isabel:	¡Oh, no! ¿Y cuánto tiempo tengo que llevar la escayola?
Médico:	Bueno, no mucho tiempo. ¿Eres alérgica a algún medicamento?
Isabel:	No, creo que no.
Médico:	Bien, pues entonces voy a recetarte una pomada para el pie. No debes andar durante unos días. También voy a recetarte estas pastillas para el dolor.

CD2.43 9

Esta mañana me he levantado con dolor de cabeza y no he ido a trabajar. He llamado a mi jefe para decirle que estaba enferma y me he quedado en casa. Me he levantado bastante tarde. He desayunado y he tomado una pastilla para el dolor de cabeza. Entonces he ido de compras y he comido con una amiga. Mi amiga me ha invitado al teatro porque tenía dos entradas para un musical por la tarde. He vuelto a casa, me he cambiado de ropa y he ido al centro con mi amiga. A partir de ese momento el día se ha estropeado. Hemos cenado en un restaurante muy malo. He comido una ensalada de pollo pero no me ha gustado nada. Hemos ido al teatro y he tenido una sorpresa un poco desagradable, ¡he visto a mi jefe! Me ha mirado con sorpresa y ha dicho: "¿Pero no estás enferma?" y se ha ido enfadado. ¡Qué mala suerte!

CD2.44 12a

Alberto:	Pues ha sido un año bastante bueno, he encontrado trabajo por fin, he alquilado un piso más grande y he comprado un coche nuevo. ¡Ah! ¡Y he tenido un niño!
Marta:	Yo he viajado mucho, he tenido un año "sabático" y he viajado por casi todo el mundo. He visitado lugares maravillosos. He escrito un libro sobre la experiencia.
Fernando:	Yo he tenido un año fatal. He perdido mi trabajo, me he divorciado y lo peor... ¡no he tenido vacaciones!
Susana:	Mi año ha sido bastante bueno. He terminado mis

Lección 13

	estudios en la universidad y he empezado a buscar trabajo, aunque no he tenido mucha suerte hasta ahora.
Carmen:	Yo me he casado y he ido a vivir a otra ciudad. He encontrado un trabajo bastante bueno y he empezado a estudiar al mismo tiempo, por las noches, la carrera de Derecho.

🔘 CD2.45 14

1
	Empleada:	Buenos días. ¿Qué desea?
	Señora:	He perdido unos guantes de piel, negros. Creo que me los he dejado en un taxi. ¿Podría decirme si los tiene aquí?
	Empleada:	Aquí tengo éstos . . . ¿si son éstos . . . ?
	Señora:	Oh, sí, sí, muchas gracias.
	Empleada:	De nada.
2	Señora:	Buenos días.
	Empleada:	Buenos días.
	Señora:	He perdido un anillo de oro con un diamante. ¿Sabe si lo ha devuelto alguien?
	Empleada:	Pues aquí no, no tenemos nada.
3	Señor:	Buenos días. ¿Podría decirme si alguien ha traído un paraguas azul? Creo que me lo dejé olvidado en el autobús.
	Empleada:	Un momento. Pues no señor, no tengo más que dos que son negro y rojo.
	Señor:	Muchas gracias.
	Empleada:	No hay de qué.

🔘 CD2.46 15

1
	Empleado:	Buenos días. ¿En qué puedo servirle?
	Tú:	*Say 'I've lost a black leather wallet. I lost it on a bus.'* He perdido una cartera de piel negra. La he perdido en un autobús.
	Empleado:	Tenemos varias. ¿De qué tamaño es?
	Tú:	*Say 'It's small. Inside there was a hundred euros and two credit cards.'* Pues es pequeña. Dentro tenía cien euros y dos tarjetas de crédito.
	Empleado:	¿Cuándo la ha perdido?
	Tú:	*Say 'I think this morning, at about ten o'clock.'* Creo que esta mañana, a las diez más o menos.
	Empleado:	A ver . . . ¿Es ésta la suya?
	Tú:	*Say 'Yes, yes! This is my wallet. Many thanks.'* Sí, sí, ésta es mi cartera. Muchas gracias.
2	Empleado:	¿Qué desea?
	Tú:	*Say 'I've lost a blue silk scarf. Do you have it here?'* He perdido un pañuelo de seda azul. ¿Lo tienen aquí?
	Empleado:	¿Cuándo lo ha perdido?
	Tú:	*Say 'I lost it this afternoon in the street.'* Lo he perdido esta tarde en la calle.
	Empleado:	A ver . . . ¿Es este pañuelo el suyo?
	Tú:	*Say 'No, it's similar . . . but it isn't my scarf.'* No, es parecido . . . pero no es mi pañuelo.
	Empleado:	Pues, lo siento mucho.
	Tú:	*Say 'Yes, what a pity!'* Sí, ¡qué lástima!

CD2.47 18

1. El fútbol es bueno para las piernas.
2. Correr es buenísimo para las piernas, para el corazón y para los pulmones.
3. La natación es un deporte muy completo, es buenísima para todo el cuerpo. Es muy buena para la espalda y el cuello.
4. El ciclismo es bueno para las piernas y el corazón.
5. El tenis es buenísimo para los brazos.
6. Las pesas son buenas para el pecho y los hombros.
7. La gimnasia es buena para el estómago y las caderas.

CD2.48 19

Esta mañana se ha cometido un robo en una farmacia de la calle Asalto. Dos chicos han entrado en la farmacia y han amenazado al dueño con un cuchillo. Se han llevado dos mil euros y varios medicamentos. Dos empleados de la farmacia y un cliente han hecho una descripción muy detallada de los chicos. El primero tiene pelo corto rizado y lleva gafas de montura metálica, cuadradas; es de estatura media, llevaba pantalones vaqueros y camiseta blanca. El segundo es rubio, tiene pelo liso, largo, un poco más alto que el otro chico y muy delgado. Llevaba vaqueros también y jersey negro. Otros dos chicos esperaban en un coche y los cuatro han escapado a toda velocidad. Se ruega a quien pueda dar alguna información sobre ellos, se ponga en contacto con la policía. Pueden ser peligrosos.

CD2.49 20

Me han dicho que has dicho un dicho,
un dicho que he dicho yo;
ese dicho que te han dicho
que yo he dicho, no lo he dicho;
y si yo lo hubiera dicho,
estaría muy bien dicho
por haberlo dicho yo.

Lección 14

CD2.50 1a

Manolo: Me gusta mucho la música, sobre todo la música fuerte, como el rock, aunque me encanta también todo lo que sea buena música, música clásica, pop, todas las movidas británicas también me encantan. Aparte de la música me gustan mucho los estudios, espero estudiar durante la mayor parte de mi vida.

Rosa: ¿Y generalmente, qué haces en tu tiempo libre?

Manolo: Mi tiempo libre, lo utilizo sobre todo para oír música.

Rosa: ¿Y sales también por ahí?

Manolo: Sí, tengo mi grupo de amigos. Estudiamos juntos y, pues, salimos. Vamos de noche a las discotecas, vamos a pubs, hacemos una vida juvenil normal.

CD2.51 1b

Mi tiempo libre pues lo empleo en escuchar música, ver la televisión, leer, bailar. Me gusta la música pop; los libros que más me gustan son los de misterio, intriga, y cuando voy al cine pues me gustan las películas de risa, de humor y . . . aventura. Los domingos por las mañanas vamos siempre a misa, después vamos a tomar algo y por la tarde pues salimos a dar una vuelta, por el cine o . . . a tomar cosas por ahí.

CD2.52 3a

Amigo: ¿Qué tal el verano María? ¿Qué hiciste?

María: ¡Ufff! Yo tuve un verano muy ajetreado porque en julio fui a Londres para estudiar inglés y visitar a mi amiga Sarah. Estuve todo el mes en su casa. Fui a una escuela de inglés y estudié mucho, pero también lo pasé muy bien. Hice muchas cosas. Visité los monumentos y lugares más famosos de Londres y fui a los parques.
Amigo: ¿Qué lugares famosos visitaste?
María: Visité el Big Ben, el palacio de Buckingham, Piccadilly, Monument, la catedral de Saint Paul, los parques, Green Park, Hyde Park...
Amigo: ¿Qué es lo que más te gustó?
María: Lo que más me gustó... Pues... los parques, que son unos parques muy grandes.
Amigo: ¿Y lo que menos te gustó?
María: ¿Lo que menos? El transporte... por las distancias, que son muy grandes.

CD2.53 4a, b

Rosa: Javier, háblame de tu vida.
Javier: Pues mira, yo nací hace 53 anos en Zaragoza. Mi familia estaba compuesta por mis padres, lógicamente, tres hermanos y yo, el cuarto. Soy el segundo, mi hermana mayor luego voy yo, luego otra chica y otro chico. Fui al colegio de las Franciscanas con mi hermana, de pequeño, hasta los seis años, y luego a los escolapios hasta que acabé el bachiller y el COU. Luego ingresé en la Academia General Militar, salí seis años después. Estuve en el ejército durante veinte años y luego me hice... me saqué el título de técnico de laboratorio químico y estuve trabajando durante siete años en un laboratorio de análisis físico-químico de agua.
A la vez he estao* en la federación aragonesa de patinaje, llegué a ser el presidente durante ocho años facilitándole el deporte a los patinadores de Aragón. También he colaborao* en Proyecto Hombre durante doce años. Y en la actualidad estoy buscando trabajo.
Rosa: ¿Y qué es lo de Proyecto Hombre?
Javier: Proyecto Hombre es una organización que se dedica a la rehabilitación de drogo dependientes.

*estao = estado
*colaborao = colaborado

CD2.54 7

Rosa: Arturo, ¿qué harás el fin de semana?
Arturo: El fin de semana iré a... posiblemente al cine, a lo mejor a cenar a algún restaurán mexicano, y de fiesta con mis amigos.
Rosa: Y para las vacaciones, ¿qué harás?
Arturo: Planeo ir a México. Este... Iré a la playa, y estar con mi familia.
Rosa: ¿A qué playa vas cuando estás en México?
Arturo: Mi preferida es Mérida, está en Mérida.
Rosa: ¿Y dónde está? ¿En qué parte? ¿En el sur?
Arturo: En el sur de México.
Rosa: ¿Y cómo es el tiempo allí?
Arturo: Hace calor, todo el tiempo.
Rosa: ¿Siempre hace calor?
Arturo: Casi siempre.
Rosa: ¡Qué bien! ¿Y cómo es... cómo son las playas?
Arturo: El agua es transparente,

	posiblemente son las más limpias de todo México. Este… Y es hermoso.
Rosa:	¿Y qué estudias ahora y cuáles son tus planes de futuro?
Arturo:	Ahorita estoy estudiando cursos de política y cursos de negocios. También estoy tomando un curso de francés. Y mis planes para futuro, pues terminar mi carrera, en México; posiblemente encontrar un trabajo, y si tengo la oportunidad de volver aquí a Inglaterra, pues… hacerlo.
Rosa:	¿O sea que volverás aquí a Londres?
Arturo:	Sí, sí Dios quiere, sí.
Rosa:	Y dime, ¿qué trabajo harás en Londres?
Arturo:	No tengo ni la menor idea, pero, pues… No sé.
Rosa:	¿En negocios, o en política, en Derecho…?
Arturo:	Posiblemente negocios… Posiblemente bailarín…
Rosa:	¿Te gusta bailar?
Arturo:	Sí, soy bailarín.
Rosa:	¿Eres bailarín? ¡Ah, no sabía! ¿Bailarín profesional?
Arturo:	Profesional.
Rosa:	Bueno, háblame de esto.
Arturo:	No.

CD2.55 9b

A continuación vamos a darles unos datos sobre las fiestas en Latinoamérica y en España. ¿Sabía usted que…
La Fiesta de los Muertos se celebra en México los días uno y dos de noviembre.
El baile tradicional de Cuba se llama el danzón.
El espectacular carnaval de Santiago de Cuba se celebra en julio.
Las fiestas de Valencia en España se llaman las Fallas.
Las fiestas de San Fermín son en Pamplona.
El día de San Fermín es el 7 de julio.
El joropo es el baile nacional de Venezuela.
La fiesta de San Juan se celebra en muchos lugares el día 24 de junio.
El baile tradicional de la República Dominicana es el Merengue.
El famoso festival de Los diablos de Yare se celebra en Venezuela.
Y aquí terminamos. Esperamos que les haya gustado el programa. ¡Buenas noches!

Answer key

Lección 1

1 a 1 Good morning 2 Good afternoon/Good evening 3 Good evening/Good night 4 See you tomorrow 5 Hi/How are you? (informal) 6 How are you? (formal) 7 Pleased to meet you. 8 See you later.

2 Hello . . . Hola
Good morning . . . Buenos días
Good afternoon . . . Buenas tardes
Good evening . . . Buenas tardes / Buenas noches
Good night . . . Buenas noches
Hi/How are you? (informal) . . . ¿Qué tal?
How are you? (formal) . . . ¿Cómo está?
Pleased to meet you . . . Mucho gusto
See you later . . . Hasta luego
See you tomorrow . . . Hasta mañana
Goodbye . . . Adiós

3 a Antonio 5; Teresa 4; Ricardo 8; Carlos 3; Carmen 7; David 2; Luisa 6; Elena 1
 b Conversations 1 and 3 are informal; conversations 2 and 4 are formal.

5 a 1 j 2 c 3 d 4 b 5 a 6 e 7 i 8 f 9 h 10 g
 b a banker b lorry/truck driver c cook/chef d builder e businessman/woman f personal trainer g pharmacist/chemist h translator i interpreter j hairdresser

6 b 1 Mr Pérez, Miss González
   2 Miss García, Mrs/Ms Martínez
   3 Mrs/Ms Fernández, Mr Rodríguez
 c 1 morning
   2 afternoon/evening
   3 late evening/night
 d 1 ¿Cómo está usted?, Hasta luego
   2 ¿Cómo está usted? Adiós
   3 ¿Cómo está? Adiós, Hasta mañana

8 1 f 2 c 3 j 4 a 5 e 6 g 7 i 8 h 9 d 10 b

9 Richard es irlandés, Mahmoud es egipcio, Juan es peruano y María es boliviana. Ana Isabel es guatemalteca, Hiroko es japonesa y Pedro es mexicano. Fátima es marroquí y Vangelis es griego. Tatiana es brasileña.

10 1 c 2 f 3 i 4 j 5 b 6 h 7 g 8 e 9 a 10 d

11 a ¿Cuántos hermanos tienes?
 b ¿Tienes hijos?
 c ¿Cómo te llamas?
 d ¿Trabaja tu padre?
 e Y tu mujer, ¿trabaja?
 f ¿De dónde eres?
 g ¿Cómo se llama tu hijo?
 h ¿Cómo se llama tu hija?
 i ¿Cuál es tu profesión?
 j ¿Estás soltero o casado?

13 *Sample answer*
Se llama Ana Isabel, es de Guatemala, es estudiante de maquillaje. Tiene dos hermanas menores: una se llama Ana Lucía y la otra Ana Cristina. Las tres hermanas se llaman 'Ana'. Su papá se llama Alfonso y su mamá se llama Silvia. Su papá es ingeniero y su mamá es ama de casa.

Answer key

17 1 Argentina 2 Ecuador 3 Brasil 4 Uruguay 5 Bolivia 6 Honduras 7 México

18 A Sr. Juan Cerezo
　　Profesión: profesor
　　País: España
　　Ciudad: Gijón

　　B Srta. Elena Echevarría
　　Profesión: ingeniera
　　País: México
　　Ciudad: Taxco

19 b *Sample answer*
Mi apellido es (*your surname*). Se escribe (*spell your name*). Soy/Mi profesión es (*your job/profession*). Soy (*your nationality*). Soy de (*your town*). Se escribe (*spell your town*).

　　b 1 Ana studies Russian because her husband is Russian.

20 a

	native language	speaks very/quite well	speaks a little	studies
1 Ana	Spanish	English, French	German	Russian
2 Isabel	English, Spanish	German	French	Japanese

　　2 Isabel speaks perfect English and Spanish because she is bilingual. She speaks very good German because her cousins are German. She studies Japanese because she has a Japanese friend who is a Japanese teacher.

21 1 Ana habla español, es su lengua nativa. También habla inglés y francés muy bien y un poco de alemán. Estudia ruso, porque su marido es ruso, pero sólo habla un poco.

　　2 Isabel es bilingüe en inglés y español. Habla los dos idiomas perfectamente. También habla alemán muy bien, porque sus primas son alemanas. Estudia japonés porque tiene una amiga japonesa que es profesora de japonés. También habla un poco de francés.

22 *Example answer*
Hablo . . . es mi lengua nativa./Soy bilingüe, hablo . . . y . . . Son mis lenguas nativas. También estudio y hablo un poco de español (porque . . .) y . . .

23 1 Cataluña is a community or region of Spain.
2 La Sagrada Familia is a famous church.
3 Antonio Gaudí is the architect of the Sagrada Familia.
4 Güell is a very special park designed by Gaudí.
5 El Barrio Gótico is the old part of the city where the 12th-century cathedral is located.
6 Las Ramblas are the most famous avenues/promenades.
7 El Camp Nou is the stadium of Barcelona Football Club.
8 Picasso is a famous painter and the name of a Barcelona museum.
9 La Barceloneta is a popular beach in the city.
10 Montjuich is a mountain where the famous 1992 Olympic Stadium is located.

24 b Cataluña es una comunidad o región de España.
La Sagrada Familia es una iglesia muy famosa.
Antoni Gaudí es el arquitecto de la Sagrada Familia.
Güell es un parque muy especial de Gaudí.
El Barrio Gótico es una zona muy antigua, que tiene la catedral.
Las Ramblas son avenidas muy famosas.
El Camp nou es el estadio del club de fútbol Barcelona.
Picasso es un pintor muy famoso y el nombre de un museo de Barcelona.
La Barceloneta es una playa muy buena y muy popular de la ciudad.
Montjuich es una montaña, con el famoso estadio Olímpico.

Lección 2

1 a She orders a 'tapa' (bar snack) of ham, some crisps and some sparkling water. It costs six euros.

3

	beber	comer	€
1	cerveza	una ración de calamares	6€
2	Coca-Cola, naranjada	patatas fritas, bocadillo de tortilla	10€
3	café con leche	bocadillo de jamón	8€
4	cerveza	–	2€
5	zumo de naranja	ensaladilla	7€

5 a He wants beer, red wine, white wine, black coffee, lemon tea, orange juice, pineapple juice, mineral water. There is only tap water.

6 a
1 Alfonso Martínez
2 Es de Madrid.
3 Bar Martínez
4 Un bar normal, un bar familiar
5 Tapas, bocadillos, café, cerveza, zumos
6 Dos
7 Alfonso y (su hijo) Juan
8 María, la mujer de Alfonso

7 a Señor: ensalada, lomo con patatas, fruta (melocotón)
Señora: sopa, pollo a la chilindrón, helado
b 1 Three courses
2 Peppers, tomato, onion and (sometimes) ham
3 House red wine
4 Oranges and bananas
5 Neither of them
6 The woman
c ¿Qué tomarán . . .?; Yo tomaré ensalada; De acuerdo; Lomo, pero que esté bien hecho; pollo frito; Tráigame . . .; vino tinto de la casa; ¿Qué quieren de postre?; Para mí tampoco.

9 1 Sr. González and Sra. García   2 Sr. González/Sra. García's sister   3 Sra. García   4 No one

10 1 976 12349856   2 j.gonzalez546@hitmail.es   3 Calle Principal, número 9, ático

12 1 €150   2 €75   3 €226   4 €58   5 €69   6 €141   7 €176   8 €85   9 €215

13 1 Ana tiene dieciocho años y su cumpleaños es el veintisiete de agosto.
2 José tiene treinta y seis años y su cumpleaños es el catorce de abril.
3 Marina tiene cincuenta y ocho años y su cumpleaños es el siete de septiembre.
4 Javier tiene veintitrés años y su cumpleaños es el dos de mayo.
5 Susana tiene cuarenta y tres años y su cumpleaños es el quince de enero.

14
- Products of Guatemala: frijoles (black beans), bananas, sugar cane, coffee
- Coffee: grown especially in the Antigua region, very famous
- The typical national dish: depends on time of day; fried frijoles, tortillas, guacamol, rice, fried eggs, roast meat

Lección 3

1   1 Honduras   2 Chile   3 Paraguay   4 Colombia   5 Brasil (Brazil)   6 México
    7 El Salvador   8 Costa Rica

3 1 De Valladolid (Cati); de León, México (Ricardo)
2 En el noroeste de España, al noroeste de Madrid (Cati); en Guanajuato, en el centro de la República Mexicana (Ricardo)
3 No es muy grande (Cati); es bastante grande, la quinta ciudad en tamaño de México (Ricardo)
4 325,000 (Cati); 2,000,000 (Ricardo)

4 a 1 La ciudad de Guatemala (*Guatemala City*)
2 En el suroeste (*In the south-east*)
3 Es bastante grande. (*It's quite big.*)
4 Hay muchos edificios y un aeropuerto; tiene áreas históricas y una parte más moderna y centros comerciales. (*There are lots of buildings and an airport; it has historical areas and a more modern part and shopping centres.*)
5 Doce millones (*12 million*)
6 Retalhuleu (Reu), Xelajú (Xela) y el Petén, un área al norte del país, con la ciudad maya de Tikal, con las pirámides mayas, y la ciudad más importante de la zona: Flores. (*Reu, Xela and Petén, an area to the north of the country, with the Mayan city of Tikal, Mayan pyramids, and the most important city of the area, Flores.*)

  b aproximadamente, bastante, conocido como, que se conoce como, hacia el norte, la única ciudad, que queda a media ciudad, se encuentran

7 1 Quiero ir a Marbella. ¿Está muy lejos de Málaga?
2 ¿A cuántos kilómetros está Marbella de Málaga?
3 ¿A cuántos kilómetros está Granada de Málaga?
4 ¿Tiene un plano de Málaga?
5 Quiero un mapa de España.

8 1 10 kilometres approximately
2 half an hour (depending on the traffic)
3 20 minutes on foot
4 a port/marina
5 It's big, on the first floor (there's a lift), with beautiful gardens, three swimming pools and a lake. It's very close to the shops and restaurants. It's fantastic.

9 a ¿En qué parte de España está?
¿Cómo es el apartamento?
¿En qué piso está?
¿Hay jardín?
¿Hay piscina?
¿Está cerca de la playa?
¿Está cerca del pueblo?
¿Está cerca de las tiendas?

10 Can't go: Pura (in Alicante for her mother's birthday), María (on holiday at the beach), Manolo (at a conference)
Can go: Rafael, Carmen

12 a 1 B 2 A 3 D

13 1 Oiga, por favor, ¿para ir a la catedral?
2 Oiga, por favor, ¿para ir al aparcamiento es por ahí?
3 Oiga, por favor, ¿dónde está el campo de fútbol?
4 Oiga, por favor, ¿dónde están las tiendas?
5 Oiga, por favor, ¿para ir a la estación?
6 Oiga, por favor, ¿hay un supermercado por aquí?

14 a 1 Perdone, ¿hay un hotel por aquí?
2 Oiga por favor, ¿hay una farmacia por aquí?
3 ¿Hay un parking por aquí?
4 Perdone, ¿dónde está el hospital?
5 Por favor, ¿dónde está la piscina?
6 Perdone, ¿dónde está el mercado?
7 ¿Dónde está la oficina de turismo?
8 Oiga, por favor, ¿dónde está correos?

b 1 Hay un hotel al lado de la estación.
   2 La farmacia está enfrente del restaurante.
   3 El hospital está enfrente del campo de fútbol.
   4 La piscina está detrás de la comisaría de policía.
   5 El mercado está delante de la catedral.
   6 Hay un parking detrás de la gasolinera.
   7 La oficina de turismo está enfrente del teatro.
   8 Correos está al lado de la cafetería.

15 a A 9 B 2 C 6 D 1 E 5 F 10 G 3 H 8 I 7 J 4
   b 9, 2, 6, 1, 5, 10, 3, 8, 7, 4

17 a 1 Guatemala 2 Amazonas 3 Los Andes 4 Chile 5 Cuba 6 Colombia
      7 Argentina 8 Bolivia
   b 1 El Volcán de Agua está en Guatemala.
      2 El nó más grande del mundo es el Amazonas.
      3 Las montañas que hay en el oeste de Sudamérica se llaman los Andes.
      4 Hay un desierto en Chile.
      5 La isla más grande del Caribe es Cuba.
      6 Hay una selva en Colombia.
      7 La gran llanura que se llama 'La Pampa' está en Argentina.
      8 El lago Titicaca está en Bolivia.

18 a 1 b 2 a 3 b 4 c 5 c 6 b 7 c
   b To the north, around Petén, is rainforest. There are jaguars, howler monkeys and ordinary monkeys. It's quite hot. Towards the south is Cobán, which is a city amongst the mountains. It's cold there and has a different climate. There is a very famous lake called Atitlán, which is between volcanoes; the lake was originally a crater from a volcano.
      There is coastline on both sides of the country, on the Pacific and on the Atlantic sides. The sand is black, because of the volcanoes.
      There are quite a few tourists. Generally, there aren't any in Guatemala City. They tend to go to a city called Antigua and to Atitlán.
   c Petén is in the north of the country and is a forest with many animals. The weather is warm. Nearby is Cobán, a city amongst the mountains; the weather is cold and it is another type of climate. There is also a very famous lake called Atitlán, which is a lake that was originally the crater of a volcano.
      There are beaches on both the Pacific and Atlantic sides of the country. The sand in the Pacific is black as a result of the volcanoes. There are quite a few tourists, the majority of whom visit a city called Antigua Guatemala and Petén Atitlán. Antigua was the capital of Central America in colonial times; there was an earthquake in 1777 and now it's a historic city. It is forty-five minutes from the capital, Guatemala City.

Lección 4

1 a a Queremos sólo el desayuno.
     b Una habitación doble con dos camas.
     c Pensión completa.
     d Prefiero con vistas a la playa.
     e Para tres noches, por favor.
     f Quiero una habitación doble con ducha.
     g Quiero una habitación con vistas al jardín.
     h Quiero una habitación individual con baño.
     i Quiero media pensión solamente, por favor.
     j Queremos dos habitaciones dobles y una individual.

2 1 F (She wants one twin room and one single room.)
  2 T
  3 T
  4 F (They plan to stay for two or three nights.)
  5 T
  6 F (Their rooms are on different floors.)
  7 T

3 1 Quiero una habitación doble con baño.
  2 Quiero pensión completa, por favor.
  3 No quiero desayuno, gracias.
  4 Quiero una habitación con vistas a la playa.
  5 Quiero una habitación individual para tres noches.
  6 Quiero una habitación doble con una cama doble.
  7 Quiero una habitación con terraza para una semana.
  8 Quiero desayuno solamente./Quiero desayuno sólo.
  9 Quiero una habitación del diez al quince de mayo.
  10 ¿Está incluido el desayuno en el precio?

4 1 a single room
  2 three nights
  3 breakfast and dinner
  4 the eighth floor
  5 room 818
  6 7 a.m.
  7 no, they will be taken to the room for him
  8 at the end of the corridor on the left
  9 between 7.30 a.m. and 10 a.m.
  10 in the street, opposite the hotel
  11 behind the hotel
  12 park his car for him

5 Total días: dos
  Tipo de habitación: doble (con baño)
  Desayuno/comida/cena: desayuno y dos cenas
  Otros servicios: teléfono/internet/centro negocios de: 1 phone call

7 a e, g, c, j, d, f, i, b, h, a
  b gym, tennis court, restaurant, bar, disco, swimming pool and internet connection

8 b Es un hotel muy incómodo y viejo, no tiene ascensor y no tiene accesos para sillas de ruedas. No está en primera línea de playa. Está lejos del pueblo y muy lejos de las tiendas. No hay gimnasio ni pista de tenis. No hay restaurante, ni bar, ni discoteca, ni piscina. Las habitaciones no tienen aire acondicionado ni calefacción y no tienen terraza. No hay conexión a internet tampoco. ¡Es un hotel horrible!

9 a ¿**Hay** restaurante/peluquería/gimnasio/pista de tenis/piscina para niños/tiendas/jardines **en el hotel**?
  b ¿**Tiene** bar/conexión a internet/aire acondicionado/una terraza grande/vistas al mar **la habitación**?

10 1 Arturo's house is on two floors, with a lounge/dining room, kitchen, three bedrooms. There's a bar, a television room, a garden, a swimming pool, a large area in the back for parties or events, and a big terrace with a nice view.
  2 Ana Isabel's house has five bedrooms, five bathrooms, a garden (not very big but nice), a sitting room with a view of the city. Her room is on the first floor with its own entrance, a bed, a desk, a big wardrobe, and a window looking out onto the garden.

11 *Sample answer*
La casa de Ana Isabel es bastante grande, tiene cinco habitaciones, cinco baños, una sala que tiene una vista hacia toda la ciudad y tiene un jardín que no es muy grande, pero es muy bonito.
Su cuarto está en el primer piso de la casa, tiene su entrada, tiene la cama, el escritorio, un closet muy grande y una ventana que da hacia el jardín.

13 Habitaciones de la casa: cocina, comedor, dormitorio, cuarto de baño, salón, terraza.
Muebles: cama, silla, mesa, sofá, lámpara, armario, sillón, estanterías, cómoda, mesita de noche.
Objetos que hay en la casa que no sean muebles: cucharas, platos, cuchillos, tenedores, televisor, plantas, lavadora, frigorífico, teléfono, estéreo, cortinas.

14 a 1 Ana Rosa 2 – 3 – 4 Ana Rosa 5 Yolanda 6 – 7 Ana Rosa 8 Ana Rosa, Yolanda 9 Ana Rosa 10 Ana Rosa, Yolanda 11 –

b 1 Ana Rosa has a big bed (nearly a double), a wardrobe, a bedside table; on top of the wardrobe are dolls and figurines. She also has a desk for studying, an armchair; on the bed there's a doll.

2 Yolanda has a bed, a desk and a bookshelf. She has posters and a picture on the walls. Then she has dolls and things hanging up.

15 a 1 49 kilometres to the south
2 By bus.
3 There are two towns, the new town and the old town. The new town is new, small and pleasant. The streets are wide and many of the houses are big and white, with two storeys. There are no tall buildings.
4 There is a modern church, a square, a factory, a lake, a museum, and in the old town there are lots of ruins and monuments.

b 1 ¿Dónde está Belchite? 4 ¿Y cómo es el pueblo?
2 ¿Está lejos (de la ciudad principal/la capital)? 5 ¿Qué hay (en el pueblo)?
3 ¿Hay tren para ir allí? 6 ¿Cuándo está abierto el museo?

c *Sample answer*
Mi ciudad/Mi pueblo se llama . . . Está en . . . Está lejos/cerca de . . ./Es la capital del país/de la región. Está a . . . kilómetros más o menos (de . . .). Hay tren/autobús para ir allí. El pueblo es grande/pequeño. Hay . . . Tiene . . .

16 a 1 Es grande 2 Es bonito 3 Está abandonado 4 Está vacío 5 Está limpio
6 Está destruido 7 Es interesante 8 Está abierta

b la puerta, la calle Mayor, las casas de la calle Mayor, la iglesia de San Agustín, la fuente, las casas por detrás, la iglesia de San Martín, el convento de San Rafael

c 1 16th century 2 18th century 3 14th century

d 1 la calle Mayor 2 el agua 3 las cocinas y los dormitorios 4 las casas 5 las casas
6 las casas 7 la puerta 8 el agua 9 los balcones 10 la torre de la iglesia de San Martín

Lección 5

1 a José works in an office as personnel manager in an insurance company. It's quite a big company and is about fifteen minutes from his home by bus. He has lunch in a café near the office. He works eight hours a day and he finds his work interesting and varied.

b 1 personnel/human resources manager 2 insurance company 3 quite big 4 neither 5 at midday/noon

3 1 Yo trabajo en una empresa.
2 Mi hermano no trabaja, está en paro.
3 Leo muchos libros y leo el periódico todos los días.
4 Mi hermano ve el fútbol en la televisión.
5 Como en un restaurante todos los días porque mi trabajo está muy lejos.
6 No tengo mucho dinero porque mi salario no es muy bueno.
7 No gasto mucho dinero.

4 a Son las seis y veinte de la mañana.
b Son las cuatro menos veinticinco de la tarde.

c   Son las dos y media de la tarde.
d   Son las diez y cinco de la noche.
e   Son las doce menos cuarto de la mañana.
f   Es la una menos cuarto de la tarde.
g   Son las siete y media de la tarde.
h   Son las siete y media de la mañana.
i   Son las cuatro y cuarto de la tarde.
j   Son las cinco menos diez de la tarde.

5 a   Son las quince horas treinta minutos.
b   Son las cuatro horas quince minutos.
c   Son las ocho horas cuarenta y cinco minutos.
d   Son las doce horas cincuenta y cinco minutos.
e   Son las dieciocho horas treinta y cinco minutos.
f   Son las veintitrés horas veinte minutos.

6 1 las nueve/las ocho (09:00/08:00)   2 las dos (14:00)   3 las seis/las seis y media (18:00/18:30)   4 las nueve/las diez (21:00/22:00)   5 las diez (10:00)   6 las dos y media/las tres (14:30/15:00)   7 las seis y media (18:30)   8 las nueve y media/las diez (21:30/22:00)

8 a   1 She works in the summer to help out her husband, who is a postman.
2 She is a singer, a singing teacher and she has a shop.
3 To collect the mail she has to deliver.
4 She delivers mail.
5 She goes home to make lunch.
6 She works in the shop and gives private singing classes.
7 She sees lots of people.

b   1 trabajo 2 soy 3 Tengo 4 es 5 levanto 6 voy 7 vuelvo 8 Hago 9 voy 10 doy 11 hago 12 Veo

d   *Sample answer*
Pili es una mujer cartero y trabaja repartiendo cartas, es cantante y trabaja en una tienda. Su vida es muy ajetreada. Se levanta temprano, va por el pueblo, vuelve a casa, hace la comida. Por la tarde va a la tienda, da las clases de canto. El trabajo de cartero sólo lo hace por las mañanas y ve a mucha gente.

10 1   Andrés es tímido. (*shy*)
2   Jorge es amable. (*kind*)
3   Alicia es simpática. (*nice*)
4   Sara es extrovertida. (*extrovert*)
5   Ana es mentirosa. (*lying*)
6   Fernando es nervioso. (*nervous*)
7   Alberto es sincero. (*sincere*)
8   Guillermo es irresponsable. (*irresponsible*)
9   Gloria es perezosa. (*lazy*)
10   Javier es antipático. (*unpleasant*)

11 a

	personality	physical appearance
1 Ana Rosa	nice, friendly, difficult to make friends	dark, slim and short
2 Manolo	a bit reserved but friendly	normal/average appearance for a 17-year-old
3 Yolanda	likes being open with people, adaptable, a little shy; she doesn't like people who are full of themselves	

c 1 d (AR)   2 b (AR)   3 f (M)   4 i (M)   5 j (M)   6 h (Y)   7 e (Y)   8 a (Y)   9 g (Y)   10 c (M)

13

	hora	tipo de comida y bebida
desayuno	06:00, 07:00	huevos revueltos o fritos con algún tipo de salsa (chirmol, salsa verde), frijoles con crema, tortillas, café
comida/almuerzo	13:00	carne, chirmol, arroz, frijoles, guacamol, plátanos
merienda		café con galletas
cena	20:00	yogur con granola, fruta

16

Profesión:	enfermera
Lugar de trabajo (descripción):	hospital clínico universitario de Zaragoza; dentro de la ciudad de Zaragoza en la calle San Juan Bosco; hospital general de trece plantas
Especialidad:	pediatría

Semana típica:
  lunes
  martes
  miércoles
  jueves
  viernes
  sábado
  domingo
	
	mañana
	tarde
	noche
	dormir
	fiesta
	mañana
	tarde

Horarios:
  mañana
  tarde
  noche
	
	7 horas (08:00–15:00)
	7 horas (15:00–22:00)
	10 horas (22:00–08:00)

Lección 6

1 Póngame / Deme / Quiero / Quisiera…
Dos kilos de manzanas golden. Son / Cuestan dos cincuenta euros el kilo. Son cinco euros en total.
Una caja pequeña de fresas. La caja cuesta / es dos euros.
Un kilo de peras pequeñas. Son / Cuestan dos euros el kilo.
Cuatro kilos de patatas grandes. Son un euro cincuenta el kilo. En total son cinco euros.
Dos kilos de zanahorias pequeñas. Son un euro cincuenta el kilo. Son tres euros en total.
Dos kilos de naranjas para zumo. Son tres euros el kilo. En total son seis euros.
Una lechuga grande. Es / Cuesta un euro veinticinco el kilo.
Tres kilos de tomates para ensalada. Son dos euros el kilo. En total son seis euros.
Un kilo de uva verde / uvas verdes. Son cuatro euros el kilo.

Dos melones dulces. Un melón es / cuesta dos euros cincuenta. En total / Dos melones son cinco euros.

2 a Butcher's: 4 lamb chops
Fishmonger's: 2kg sardines, ¼ (250g) prawns, 1kg hake
Delicatessen: 100g chorizo, 1 can of olives, 1 litre of oil, 6 eggs
Baker's: 2 loaves of bread, 3 rolls, 6 chocolate cakes

3 a ½ kg sausages, 2 trout, 100g ham
    b <u>Carnicería</u>

4 chuletas de cordero	10,50€
½ kilo de salchichas	6€; total: 16,50€

<u>Pescadería</u>

2 kilos de sardinas	7,50€
¼ de gambas	5€
1 kilo de merluza	11,75€
2 truchas	7€; total: 30,25€

<u>Comestibles</u>

100 gramos de chorizo	2,50€
100 gramos de jamón	4€
1 lata de olivas	2€
1 litro de aceite	3,40€
6 huevos	3,20€; total 15,10€

<u>Panadería</u>

2 barras de pan	2€
3 panecillos	1,50€
6 pasteles de chocolate	4,50€; total 8€

6 a 1 an English dictionary   2 the small one   3 folders   4 They're faulty.   5 Two folders and an English dictionary

7 1 Green   2 No   3 It's cheaper than the one he wanted.   4 Size 38   5 In cash

8 Quiero ese vestido amarillo en la talla cuarenta y dos. Cuesta cuarenta euros, ¿verdad?
Quiero ese abrigo azul en la talla cuarenta y cuatro. Cuesta cincuenta euros, ¿verdad?
Quiero esa camisa blanca en la talla cincuenta y dos. Cuesta cuarenta euros, ¿verdad?
Quiero esa chaqueta verde en la talla cincuenta. Cuesta cincuenta euros, ¿verdad?
Quiero ese jersey negro en la talla cuarenta y dos. Cuesta sesenta euros, ¿verdad?

9 1 Quiero unos pantalones. Los quiero verdes.
    2 Quiero un vestido. Lo quiero rojo.
    3 Quiero una chaqueta. La quiero negra.
    4 Quiero una falda. La quiero amarilla.
    5 Quiero un jersey. Lo quiero gris.
    6 Quiero una camisa. La quiero rosa.

11 a 1 d 2 c 3 b 4 a 5 e

13 1 La conferencia empieza a las siete y media de la tarde.
       Termina a las nueve y media de la noche.
    2 La película empieza a las nueve y cuarto de la noche.
       Termina a las once y media de la noche.
    3 La farmacia abre a las diez. Cierra a las siete de la tarde.
    4 El aparcamiento está abierto de ocho de la mañana a doce de la noche, todos los días, menos el domingo, que está cerrado.

15 a 1 The Central Market is in Zone 1 of Guatemala City and has everything. There are crafts, there is fruit, there's plenty of food.

  2 The food found in markets is generally much better than in the supermarkets. There are lots of fruits, such as pineapple, papaya, mango, it depends on the time of year.
  3 The crafts are very famous and very pretty. There are lots of things made with typical, local fabrics: tablecloths, clothes, bags, pencil cases, notebooks. And there is also craftwork made from clay, which is very famous, such as sculptures, vases and urns.
  4 Chichicastenango is a town where there is a very famous market. It's to the north of the capital. It's open every day and is very big; the variety is huge and there are very pretty things. There are local crafts, made by the inhabitants of the city and the region.
 b 1 El Mercado Central está en la zona uno de Guatemala y hay de todo, hay artesanía, hay fruta, hay bastante comida.
  2 La comida que hay en los mercados en general es mucho mejor que la de los supermercados. Hay muchas frutas, hay piña, papaya, mango, depende de la época.
  3 La artesanía es muy famosa y muy bonita. Hay bastantes cosas con tejidos típicos, manteles para mesa, ropa, bolsas, estuches, cuadernos. Y también hay artesanías hechas de barro que son muy famosas, como esculturas y jarrones.
  4 Chichicastenango es un pueblo donde hay un mercado muy famoso, está al norte de la capital. Está abierto todos los días y es muy grande, la variedad es mayor y hay cosas muy bonitas. Hay artesanía local, hecha por los habitantes de la ciudad y de la región.

Lección 7

2 a 1 Es desenvuelta, sonriente, educada, simpática.
  2 Son diferentes pero se parecen.
  3 Es de Wisconsin, vive en Estados Unidos.
  4 Es de Honduras y vive en Tegucigalpa. La conoció en Estados Unidos. Mide 1,65m, tiene la piel morena, los ojos oscuros y el pelo negro. Se lo pasa muy bien con ella, es muy educada, se lleva bien con todo el mundo, es inteligente.

3 a 1 chuleta de ternera a la plancha 2 estofado de ternera 3 sopa de pescado 4 pollo al ajillo 5 merluza con patatas fritas 6 entremeses 7 menestra de verduras 8 bistec a la pimienta 9 conejo con mayonesa 10 ensaladilla rusa 11 berenjenas rellenas
12 trucha a la Navarra con ensalada

4 a The driving instructor asks Sara to go straight on (*Siga por aquí*) then turn right (*Tome la calle a la derecha*). She almost goes the wrong way down a one-way street (*ésta es dirección prohibida*), then nearly fails to stop at a red traffic light (*el semáforo está en rojo*). The instructor then asks her to take the first left and go straight on (*tome la primera a la izquierda, siga todo recto*), but she drives on the wrong side of the road (*por la derecha, señorita, por la derecha*). She is then asked to turn right (*tuerza a la derecha*) and wait while a lady crosses at the zebra crossing (*esto es un paso de cebra . . . deje pasar a esa señora*), although she nearly doesn't stop in time and stalls the car. They finally reach their destination, but she crashes into a tree (*¡Cuidado que chocamos! . . . ¡Mire el árbol!*).
 b c, a, f, b, e, d

5 a Nombre: Martín
  Total días: 3
  Número de habitación: 310
  Desayuno/comida/cena: desayuno solo
  Restaurante: 1 cena
  Teléfono: 0 llamadas
  Internet: 3 horas

Lección 8

1. No me gustan las manzanas; me gustan los plátanos; no me gusta nada / odio la cerveza; no me gusta el pollo; me encanta el chocolate; me encanta el café; me gustan las patatas fritas; me gusta la uva / me gustan las uvas; no me gusta la carne; me encanta la leche; me encantan los melocotones; no me gusta el agua con gas; me gusta el té; no me gusta el vino.

2. Le gusta el vino blanco.
   Le gustan los plátanos/los huevos.
   No le gusta el té/la carne/el agua con gas.
   No le gustan las manzanas/las patatas fritas.
   Le encanta el chocolate/el café solo/el zumo de naranja.
   Le encantan los melocotones/los pasteles.

4.
   1. Le gusta mucho. Le gusta la música pop y la música rock, le encanta la música clásica.
   2. Toca el piano y la guitarra un poco.
   3. Le encantar cantar; canta bien.
   4. Le encanta bailar en las discotecas, pero también baila danza clásica y moderna y un poco de flamenco.
   5. Le gusta ver la television. Le gustan especialmente los documentales de animales.
   6. Lee mucho. Le encantan los libros de misterio.
   7. Ve películas en DVD, pero le encanta ir al cine. Le gustan las películas de terror y las películas románticas.

5.
   1. Me gusta la música pop y la música rock, me encanta la música clásica.
   2. Toco el piano y la guitarra un poco.
   3. Me encanta cantar; canto bien.
   4. Me encanta bailar en las discotecas, pero también bailo danza clásica y moderna, y un poco de flamenco.
   5. Me gusta ver la televisión, me gustan especialmente los documentales de animales.
   6. Leo mucho. Me encantan los libros de misterio.
   7. Veo películas en DVD, pero me encanta ir al cine. Me gustan las películas de terror y las películas románticas.

6. b
   1. ¿Tocas algún instrumento?
   2. ¿Te gusta cantar?
   3. ¿Te gusta bailar?
   4. ¿Te gusta ver la televisión?
   5. ¿Qué tipo de programas de televisión te gustan?
   6. ¿Te gusta el cine?
   7. ¿Qué tipo de películas te gustan?
   8. ¿Qué tipo de libros te gustan?

7. b A: 2, 5, 10, 11, 12, 16, 17
   R: 1, 4, 6, 7, 8, 9, 13, 14, 15, 18
   A/R: 3

   c A Arturo no le gusta estar solo, le gusta estar con sus amigos, salir a comer algo, salir a tomar una cerveza, bailar, le gustan mucho las comedias, las (películas) de acción, le gusta mucho la música pop.
   A Ricardo le gusta estar solo, le gusta leer un libro, ir al gimnasio, ver una película, salir de fiesta a las discotecas, ir a un museo, ver una obra de teatro, le gustan las películas de terror y suspenso, no le gusta el pop, le gusta mucho la música electrónica y la música clásica.

9. a Me llamo . . .; Mi cumpleaños es el . . .; Soy de . . .; Mi profesión es . . ./Soy . . .; Mi signo del zodíaco es . . .; Mi bebida favorita es . . ./Me gusta(n) . . .; Mi comida favorita es . . ./Me gusta(n) . . .; Me gusta llevar . . .; Me gusta más el color . . .; El deporte que prefiero es . . ./Mi deporte favorito es . . .; Mi animal favorito es . . .; Me gustan las personas . . .; No me gustan las personas . . .

10 a 1 pequeño 2 gente 3 habitantes 4 agradable/buena 5 buena/agradable 6 seco 7 árboles 8 agricultura 9 fábrica 10 aburrido 11 nada 12 tiendas 13 divertido 14 verano 15 comprar 16 estudiar 17 ruido 18 coches 19 contaminación

12 a USA: 1, 4, 7, 13, 15
G: 2, 3, 6, 8, 9, 11, 14, 16, 17, 19
USA/G: 5
–: 10, 12, 18

b Use these verbs: se levanta, va, estudia, sale, prefiere (dormir, acostarse) *or* duerme, se acuesta, ve (a sus amigas), se queda (en su casa), le(s) gusta, le(s) encanta

14 1 México tiene 110 millones de habitantes. (*Mexico has 110 million inhabitants.*)
2 Tiene frontera con Guatemala. (*It has a border with Guatemala.*)
3 La bebida nacional es el tequila. (*The national drink is tequila.*)
4 En México se descubrió el chocolate. (*Chocolate was discovered in Mexico.*)
5 México tiene el volcán más pequeño del Mundo. Sólo mide doce metros. (*Mexico has the smallest volcano in the world. It's only twelve metres high.*)
6 Tiene el árbol vivo más viejo del mundo. Tiene 2.000 años. (*It has the oldest living tree in the world. It's 2000 years old.*)
7 Ciudad de México se construyó sobre un lago. (*Mexico City was built over a lake.*)
8 México organizó los Juegos Olímpicos en 1968. (*Mexico organised the Olympic Games in 1968.*)

Lección 9

1

	invitation	excuse	alternative suggestion
1	shopping on Thursday morning	has to take mother to the doctor's at 11.30 a.m.	go in the afternoon, after lunch
2	opera (*Carmen*) on Saturday	going to the ballet with daughters	go and see *Tosca* on Sunday

2 a 1 María calls Carmen to invite them for dinner on Saturday.
2 Carmen says she has to visit her parents so can't go.
3 a She has a lot of work and is exhausted/very tired, but apart from that is fine.
b She is upset because her cat died last Friday.
c He has a bad cold, he is annoyed with his girlfriend and he has exams, so he is a bit nervous.
d He is fine, except he is worried about his work as he works for himself/is self-employed and there isn't much work at the moment. He also has a bit of a cold.

3 a

Problem	Advice
1 Have a headache	Take some headache tablets
2 Bored, no friends	Go out more and get to know people
3 Don't want to work in my company – don't like my boss	Look for work in another company
4 Ill, don't know what's wrong	Go to the doctor
5 Unfit	Get regular exercise
6 Have driving test next week	Have two or three lessons before the test
7 Have an exam, nervous because not prepared	Study more
8 Very tired, not sleeping well	Go to bed early every night

4 b Entre semana tienes que / debes . . . levantarte pronto – hacer ejercicio – leer anuncios de trabajo – mandar / enviar cartes y el currículum / CV – hacer trabajo voluntario – comer con amigas – estudiar algo en casa – ir a clases de idiomas y de informática – salir con amigos – cenar, leer, ver la televisión
Fin de semana: . . . hacer deporte, pasear por el parque

5 a jueves 6: deberes
viernes 7: ir de compras con madre
sábado 8/domingo 9: esquiar a Candanchú
They agree to meet on Wednesday at 6 p.m. in the Imperia café.

7 a

	disco	restaurant	theatre	ice-skating	cinema
Yolanda	✗	✗	✓	✓	✓
Javier	✓	✓	✗	✗	✓

They agree to go to the cinema.

9 1 ¿Qué hacemos?
2 ¿A dónde vamos?
3 ¿Te gustaría ir a cenar a un restaurante?
4 ¿Por qué no vamos a bailar?
5 ¿Te apetece ir al teatro?
6 Vamos al cine.

10 1 Tú: ¿Hay entradas para la sesión de las nueve, por favor?
Tú: Deme dos. ¿Son numeradas?
Tú: En las filas de atrás, por favor.
Tú: Gracias, ¿cuánto es?
2 Tú: Dos entradas para el concierto de mañana, por favor, en un buen sitio.
Tú: Empieza a las siete y media, ¿verdad?
Tú:¿Cuánto dura?

11 Suggested dialogues:
A: Deme dos entradas (en un buen sitio), por favor. / Deme una entrada en tribuna, por favor.
¿A qué hora empieza?

B: A las once / las siete / las cuatro y media.
A: ¿A que hora termina?
B: A las seis de la mañana / las nueve y media.

12 a   1 d 2 c 3 a 4 e 5 b
     b   b, j, f, d, g, k, a, i, h, c, e
          a R b C c R d R e R f R g C h R i R j C k R
14 a   1 c 2 a 3 b 4 c 5 b 6 a 7 b 8 c 9 c 10 a
     b   Ahora vamos a darle la solución al test de cine. 1 Antonio Banderas es de Málaga. 2 La primera película de Antonio Banderas en Hollywood fue *Los reyes del mambo*. 3 Javier Bardem es el protagonista de la película *No es país para viejos*. 4, 5 Penélope Cruz hizo su primera película con Javier Bardem y esta película se llama *Jamón, jamón*. 6 Almodóvar es el director de la película *Volver*. 7 *La comunidad* es una película de Alex de la Iglesia. 8 La protagonista de *La comunidad* es Carmen Maura. 9 Luis Buñuel, director español muy importante del cine mundial, es de Aragón. 10 Los premios más importantes del cine español se llaman los Goya.

Lección 10

1 a   1 Tres 2 A las ocho de la mañana 3 El Intercity 4 El Intercity 5 Cuatro horas 6 Tres 7 Preferente 8 A las 16:50

3 1   a Madrid(-Chamartín) b Barcelona c Platform 4 d Very soon e Made up of first- and second-class carriages; first-class carriages are at the back of the train
    2   a Tranvía b Platform 1 c Very soon
    3   a Barcelona(-Término) b Half an hour/30 minutes c 19:24
    4   a Talgo b Madrid(-Chamartín) c Within five minutes d Platform 2

4 1   Por favor, ¿hay un tren para Bilbao esta tarde? ¿A qué hora sale?
    2   ¿A qué hora llega el Talgo de Valencia, por favor?
    3   Perdone, ¿a qué hora llegan los trenes de Barcelona esta tarde? ¿Cuál es el AVE?
    4   Perdone, ¿el tren de Córdoba lleva retraso? / ¿El tren de Córdoba lleva retraso? ¿Cuánto retraso lleva?
    5   Por favor, ¿de qué vía sale el AVE?
    6   ¿Cuánto tiempo para el AVE en la estación?

5 a   1 c 2 a 3 b 4 b 5 c 6 c
     c   1 ¿La plaza de Roma está cerca?
          2 ¿Se puede ir andando?
          3 ¿Qué autobús tengo que tomar?
          4 ¿Sabe usted dónde está la parada?

6 a   1 Trabajaré en mi empresa.
          2 Viajaré al extranjero.
          3 Estudiaré idiomas.
          4 Ganaré mucho dinero.
          5 Iré al gimnasio.
          6 Veré a mi familia.
          7 Compraré un coche nuevo.
          8 Me divertiré mucho en mi tiempo libre.
     b   1 Trabajará en su empresa.
          2 Viajará. . .
          3 Estudiará. . .
          4 Ganará. . .
          5 Irá. . .

6 Verá a su familiá.
7 Comprará...
8 Se divertirá mucho en su tiémpo libre.

7 a 1 He will continue to study politics and graduate next year.
   2 He'll go to Mexico for two or three months. He'll go to the beach, go out with his friends and enjoy time with his family.
   3 He'll return to London to study. Then he'll stay in London or Europe and work in politics, banking or for a big company.

8 1 continuará 2 se graduará 3 Volverá/Regresará 4 regresará/volverá 5 irá
   6 se divertirá 7 Pasará 8 vivirá 9 trabajará 10 Trabajará

a

Mensaje	Lugar	Actividad	Día	Hora	Otros detalles
José	gimnasio	ejercicio, nadar	mañana	10:00	un rato en la sauna
Susana	casa de Susana	fiesta de cumpleaños	sábado	20:00	habrá comida; traer algo de beber
Pedro	restaurante vietnamita	comer con la familia de Ana	domingo	14:00	
Elena	centro/ tiendas	ir de compras	viernes	11:00	hay rebajas; merendar chocolate con churros después

b 1 va a ir, irá, hará, nadará, estará, con él, te llamará
  2 su cumpleaños, va a dar, su casa
  3 irá con su familia, sabe que, con ellos, irán
  4 irá, quiere ir, ¿Irás con ella?, iréis, llamarla

11 1 Isabel y José: irán, harán, nadarán, estarán
   2 Isabel y Susana: tendrán una fiesta
   3 Isabel y Pedro: irán, comerán
   4 Isabel y Elena: irán, estarán, merendarán

13 1 Tú: A mí me gusta viajar en avión.
     Tú: Porque es más rápido.
     Tú: Prefiero la bicicleta porque es rápida y ecológica.
     Tú: Sí, a veces es un poco peligroso.
   2 Tú: Me gusta el coche, pero no sé conducir.
     Tú: Porque es cómodo y puedo viajar cuando quiero.
     Tú: Me gusta el autobús porque es barato.

15 a 1A 2C 3A 4B 5B 6C 7B 8A 9B 10A 11C 12A
   b Friday: Havana visit. Morning: leave hotel at 8 a.m.; visit the city on foot; visit the main streets and squares of the eastern part, the cathedral and museum; lunch in a typical restaurant. Afternoon: visit modern Havana and do some shopping; return to hotel to change. Evening: dinner in good restaurant; visit well-known Caribbean cabaret show: Tropicana; return to hotel at about 1 a.m.
     Saturday: Guamá trip. Leave hotel at 7.30 a.m. and head south. Arrive at tourist centre of Guamá to visit crocodile farm. Boat trip to the ancient village of Taina. Lunch in Taina,

with marvellous local seafood. Then to Girón beach, in the Bay of Pigs. Free time to swim. Return to hotel about 7 p.m.
Sunday: safari. 180-kilometres jeep adventure along tracks, rivers, valleys, caves and historic sites; very few tourists; on horseback and boat. Return to hotel about 6 p.m.
  c Go to the bar and have a cocktail before bed.

Lección 11

1   a   1   In his parents' house in the mountains.
         2   It's very cold and is snowing a lot.
         3   It's very pretty with the snow, but it's difficult to drive because of the icy roads.
         4   He'll go skiing all day.
         5   It's hot.
         6   She goes to the beach.
         7   Windy with light rain

5   1   En París llueve hoy, pero mañana hará viento.
    2   En Londres hay niebla hoy, pero mañana lloverá.
    3   En Dublín hace frío hoy, pero mañana estará cubierto.
    4   En Moscú nieva hoy, pero mañana hará mucho frío.
    5   En Roma hace viento hoy, pero mañana hará sol.
    6   En Barcelona hace calor hoy, pero mañana habrá tormentas.
    7   En Madrid hace sol hoy, pero mañana habrá niebla.
    8   En Berlín está cubierto hoy, pero mañana nevará.
    9   En Atenas hay tormentas hoy, pero mañana hará calor.

6   1   Ana: wait for Carmen at the school entrance at 9 a.m. tomorrow. She has to give back some books.
    2   José Luis: phone Javier when you get back. He has to talk to you.
    3   Rosa: your sister Alicia will meet you tomorrow at 3 p.m. in the Las Vegas Café.

8   a   1   Estoy desayunando en la cafetería Sol, ¿vienes a desayunar conmigo?
         2   Estoy comiendo en el restaurante Pepe, ¿quieres comer conmigo?
         3   Estoy jugando al tenis en el centro deportivo, ¿quieres jugar conmigo?
         4   Estoy sacando entradas para ir al cine esta noche, ¿quieres venir conmigo?
         5   Estoy mirando horarios de autobuses a Madrid, ¿quieres ir conmigo?
         6   Estoy haciendo la cena, ¿quieres cenar conmigo?

9   1   a   In the market
         b   Should she buy meat or fish for supper?
         c   Fish (hake) because it's healthy.
         d   They always eat the same thing/She prefers meat.
    2   a   To advise her on which colour dress to buy
         b   That green suits her, but as it's an evening party, black would be better
         c   Ana suggests buying both of them.
         d   She doesn't have enough money.

11   a   1 variado; grande   2 templado; caluroso   3 tropical; húmedo; caluroso   4 desértico; templado; caluroso; frío   5 siete; seis
     b   1   No, no hay.
         2   En el centro del país, en el desierto

13   a   1 c   2 b   3 b   4 c   5 b

14 a

	What is Isabel doing?	What does she ask Tessa?	What excuses does Tessa give her?
1	doing the washing-up	to help her dry the dishes	she's studying
2	washing the clothes	to hang them out to dry	she's on the phone
3	making the beds	to do the dusting	she's listening to music
4	making lunch	to lay the table	she's reading a magazine
5	doing the ironing	to put the clothes away in the wardrobe	she's writing some emails
6	making a cake	to eat the cake	no excuse – she eats it!

Lección 12

1 1 tuvo   2 Se levantó   3 fue   4 Trabajó   5 comió   6 fue   7 volvió   8 descansó   9 fue   10 Volvió   11 cenó   12 Vio   13 se acostó   14 se durmió

2 a **Miércoles**
   08:00   me levanté, desayuné
   09:00   estudié
   10:00   me vestí para salir
   11:00   fui de compras a las rebajas
   14:00   comí en un restaurante con una amiga
   16:00   fui al cine
   19:00   volví a casa, descansé
   21:00   salí a cenar con mi novio
   23:00   fuimos a una discoteca y bailé
   Jueves
   03:00   me acosté

   b Isabel se levantó a las ocho y desayunó. Estudió... se vistió... fue de compras. Comió... fue al cine... Volvió a casa, descanso. Salió a cenar... fue a una discoteca... y bailó. Se acostó a las tres de la madrugada.

4 a 1 ¿Qué hiciste?   7   ¿Cuándo fuiste de compras?
       2 ¿Adónde fuiste?   8   ¿Compraste muchas cosas?
       3 ¿Por qué tuviste el día libre?   9   ¿Con quién fuiste al cine?
       4 ¿A qué hora te levantaste? 10 ¿Saliste por la noche?
       5 ¿Estudiaste mucho?   11 ¿A qué hora te acostaste?
       6 ¿Cuánto tiempo estudiaste? 12 ¿Lo pasaste bien?

5 ¿Cuándo fuiste? ¿Cuánto tiempo estuviste? ¿Cómo fuiste? ¿Dónde estuviste? ¿Qué hiciste?

6 Tú: Fui en marzo con un grupo de amigos
   Tú: Estuve una semana.
   Tú: Fui en autocar y el viaje duró veintiocho horas.
   Tú: Estuve en un hotel de cuatro estrellas.
   Tú: Sí, tuve clases con un profesor estupendo.
   Tú: Fui en trineo, nadé en la piscina del hotel y fui a la discoteca.
   Tú: Sí, me caí y me torcí el tobillo.
   Tú: Sí, claro, lo pasé fenomenal.

7 a País: Egipto
      Fechas: del 23 al 30 de noviembre
      Medios de transporte: avión, motonave
      Lugares visitados: Luxor (viaje por el Nilo), Esna, Edfu, Kom Ombo, Aswan, Abu Simbel, El Cairo (las pirámides)

Número de personas: 100
Viaje organizado por: Caja de Ahorros (Zaragoza)
Alojamiento: motonave (por el Nilo) y hotel (en El Cairo)

b 1 She liked everything.
   2 She couldn't really see Cairo because there are 20 million inhabitants, but she saw the pyramids, which is what you go there to see.

c 1 ¿Adónde fuiste de vacaciones?   5 ¿Y cómo fuisteis, en un grupo o solos?
   2 ¿Cuándo fuiste?   6 ¿Fuisteis mucha gente?
   3 ¿Qué hiciste?   7 ¿Y estuvisteis en hotel?
   4 ¿Y qué te gustó más?

8   Alicia y su marido fueron de vacaciones a Egipto. Fueron del veintitrés de noviembre al treinta de noviembre. Fueron de Zaragoza en avión a Luxor, de Luxor fueron en una motonave, navegando por el Nilo, y luego fueron a ver lo que existe, que hay mucho, en Egipto. Después estuvieron en muchos sitios/lugares: en Esna, en Edfu, Kom Ombo, Aswan, Abu Simbel... El Cairo. Les gustó todo. Les gustaron las pirámides de El Cairo, pero en El Cairo no lo vieron todo porque es muy grande. Fueron en grupo, un grupo que organiza una caja de ahorros de Zaragoza. Fueron un grupo de cien personas. Estuvieron en una motonave que va por el Nilo y luego después, en el Cairo, en un hotel.

10 a/b Londres: He was born there and lived there until he was two.
         Luxemburgo: He lived there until he was five.
         México (León, Guanajuato, México): His twin sisters were born. He lived there until he was 12.
         Irlanda: He studied there for a year at the age of 12.
         México: He studied for *la Preparatoria*, the equivalent of A Levels.
         Canadá (Quebec): He went on an exchange visit for eight months and he studied French.
         México: He graduated in *la Preparatoria* (Baccalaureate).
         Londres: He is studying at university.

    c 1 His parents are Mexican.
       2 Because his father works for City Bank.
       3 It is a pre-university course of three years similar to English A Levels or Baccalaureate.
       4 They are studying in León, Mexico.

13 a 1 b   2 c   3 b   4 a   5 a   6 c   7 c   8 b   9 c
    b *Sample answer*
       Goya nació en 1746, en Fuendetodos, un pueblo que está en la provincia de Zaragoza, en Aragón. Su familia era bastante pobre. Empezó a pintar antes de los 12 años. Se casó y tuvo un hijo. Goya fue famoso, trabajó para el rey de España y vivió con prosperidad. Sus cuadros son muy variados, hay temas religiosos, de guerra, de la gente del pueblo, de toros, de sueños horribles, etc. Estuvo muy enfermo ya de mayor, y se quedó sordo. Por eso sus últimos cuadros son muy tristes y extraños. Pero antes, de joven, pintó cuadros mucho más alegres y optimistas. Vivió durante la guerra de la Independencia española, contra Napoleón, y pintó cuadros sobre las cosas terribles que ocurrieron en ella. Se fue a Francia por unos meses y murió en Burdeos en 1828, a los 82 años de edad.

14 a 1 1989   2 1969   3 1936   4 1996   5 1924   6 1939   7 1957
    b 1 cayó   2 llegó   3 empezó   4 Se celebraron   5 tuvieron lugar   6 comenzó   7 lanzó

16 a 1 He worked for a law firm, took a summer course at the university and spent the last two weeks of July visiting Cancún and Guanajuato.
       2 He went to Mexico with his family and then to Las Vegas for New Year. He won some money and went to lots of shows. He went out with friends and family.

    b En las vacaciones pasadas: trabajó, tomó, viajó, fue, salió, se despidió.
       En Navidad: regresó, pasó, fue, jugó, ganó, fue, salió

Lección 13

1 a
1. His throat and chest hurt, his head aches. His arms and legs hurt and his back aches. His whole body aches.
2. He has a temperature and he has a cough.
3. He says that Pedro has flu; he has to take some pills and drink lots of water and liquids.
4. He has to work.
5. A week to ten days.

2 a
1. Me duele la garganta.
2. Me duele el pecho.
3. Me duele la cabeza.
4. Me duelen los brazos.
5. Me duelen las piernas.
6. Me duele el cuello.
7. Me duelen los ojos.
8. Me duele la mano.
9. Me duele el brazo.
10. Me duelen los pies.
11. Me duele el estómago.
12. Me duele la espalda.
13. Me duele la muela.
14. Me duelen los dientes.
15. Me duele la rodilla.

3
1. Sore throat, slight cough
2. Since yesterday afternoon
3. The beginning of a cold; he doesn't have a temperature.
4. Tablets/Pills
5. Don't go to the swimming pool; take all the tablets.

5 *Sample answer*
unas pastillas
un jarabe
una pomada
unas tiritas
unos supositorios

6 a
1. Tengo dolor de garganta.
2. ¿Tienes algo para la garganta?
3. Un paquete de chicle de fresa, sin azúcar.
4. ¿Me podrías dar unas pastillas para el mareo?
5. Una pomada para las quemaduras y unas tiritas.

7
Paciente: Isabel Martín
Motivo de consulta: Se ha caído en la calle. Le duelen la pierna y la muñeca.
Enfermedad: Tiene un golpe en el pie; la muñeca está rota.
Tratamiento: Poner una pomada en el pie; poner una escayola en la muñeca.
Consejos: No andar durante unos días; tomar pastillas para el dolor.
Alergias: Ninguna

9 This morning she got up with a headache and didn't go to work. Phoned her boss to tell him she was ill. Stayed at home. Got up late, had breakfast and took a tablet for her headache, which got better. Then she went shopping and had lunch with a friend. Her friend invited her to the theatre so she went home, changed and went to the centre. Then her day went wrong – had dinner in a very bad restaurant, had chicken salad but didn't like it. Went to the theatre and had a bad surprise – her boss was there. He got angry.

10 Mariá se ha lavantado – no ha ido – ha llamado – se ha quedado – ha desayunado – ha tomado – ha comido – su amiga la ha invitado – ha vuelto – se ha cambiado – ha ido – El diá se ha estropeado – (ella y su amiga) han cenado – ha comido – no le ha gustado – ha ido – ha tenido – ha visto – el jefe la ha mirado – ha dicho – se ha ido

Lección 13

12 a 1 Alberto 2 Marta 3 Susana 4 Carmen 5 Marta 6 Carmen 7 Fernando 8 Carmen 9 Alberto 10 Fernando 11 Susana 12 Fernando 13 Fernando 14 Alberto 15 Marta

   b Alberto ha encontrado un trabajo, ha alquilado un piso más grande, ha comprado un coche nuevo y ha tenido un niño.
   Marta ha viajado mucho, ha tenido un año "sabático", ha viajado por casi todo el mundo. Ha visitado lugares maravillosos y ha escrito un libro.
   Fernando ha tenido un año fatal. Ha perdido su trabajo, se ha divorciado y no ha tenido vacaciones.
   Susana ha terminado sus estudios y ha empezado a buscar trabajo, pero no ha tenido mucha suerte.
   Carmen se ha casado y ha ido a vivir en otra ciudad. Ha encontrado un trabajo y ha empezado a estudiar Derecho.

14 1 Object: gloves
   Colour: black
   Material: leather
   Where lost: taxi
   Found?: Yes

   2 Object: ring
   Colour: gold
   Material: gold and diamond
   Where lost: –
   Found?: No

   3 Object: umbrella
   Colour: blue
   Material: –
   Where lost: bus
   Found?: No

16 a Me han robado la cartera esta mañana, a las diez y media. Ha sido en un restaurante. Alguien la ha cogido de mi bolsillo. No estoy seguro/a quién ha sido.

   b Me han robado el bolso en un bar. Ha sido esta noche, a las diez de la noche. Era un bolso negro, de piel. Dos hombres lo han cogido de la mesa o de la silla.

   c Me han quitado / robado un monedero en la calle. Ha sido esta mañana, a las once. Un chico / un joven lo ha cogido de mi bolso.

   d Me han robado la cartera esta mañana, a las diez de la mañana, (estaba) en la puerta / entrada de una tienda. Es / Era una cartera de plástico, negra / de color negro. Alguien la ha cogido de mi bolsillo. No sé quién ha sido.

   e Me han quitado la cartera. Ha sido a las once de la mañana, (estaba) en el autobús. Alguien la ha cogido de mi bolso. No sé quién ha sido.

Sport	Part of the body
football	legs
running	legs, heart and lungs
swimming	whole body, especially back and neck
cycling	legs and heart
tennis	arms
weightlifting	chest and shoulders
gymnastics	stomach and hips

19 a 1 In a chemist's in Asalto Street.
   2 They took 2,000 euros and some medicines.
   3 Two employees in the chemist's and a customer.
   4 Another two boys, in a car.

   b First boy: short, curly hair; metal, square-framed glasses; medium height; wearing jeans and a white T-shirt
   Second boy: blond, long, straight hair; a bit taller than the first boy; very slim; wearing jeans and a black jumper

20 I've been told you said a saying,
a saying that I said;
that saying that you've been told
I said, I didn't say;
and if I had said it,
it would be well said
because it had been said by me.

Lección 14

1   a   Manolo likes heavy rock music, but he also likes any good music, including classical, pop and all the British music movements. He likes studying. He spends his spare time listening to music, studying and going out with a group of friends to clubs and pubs.
    b   1 escuchar 2 ver 3 leer 4 bailar 5 libros 6 gustan 7 intriga 8 gustan 9 risa 10 humor 11 aventura 12 vamos 13 vamos 14 algo 15 salimos 16 vuelta 17 tomar

3   a   1 Fue en julio.
        2 Todo el mes.
        3 Con su amiga Sarah.
        4 Estudió inglés.
        5 Visitó monumentos y lugares famosos y fue a los parques.
        6 Le gustaron los parques.
        7 Lo que menos le gustó fue el transporte.

4   a   1 He's 53.
        2 He has three brothers and sisters; he is the second oldest. He has an older sister, then a younger sister and a younger brother.
    b   1 He went to the Franciscan school with his sister until he was six.
        2 He went to the Escalopias school until he finished his secondary school studies.
        3 He joined the military academy and left six years later.
        4 He was in the army for 20 years.
        5 He worked in a laboratory for seven years doing water analysis.
        6 He was president of the Aragonese skating federation for eight years.
        7 He has worked with 'Proyecto Hombre' for the rehabilitation of drug addicts for 12 years.

6   a   1 d (1863) 2 e (1901) 3 i (1913) 4 f (1943) 5 a (1945) 6 h (1959) 7 g (1970) 8 b (1973) 9 c (1990)

7   1 Irá al cine, a cenar a un restaurante mexicano, y de fiesta con sus amigos.
    2 Irá a México, a la playa, y estar con su familia.
    3 La playa de Mérida, porque hace calor, el agua es transparente. La playa es hermosa.
    4 Está estudiando cursos de política y cursos de negocios. También está tomando un curso de francés.
    5 Terminará la carrera, en México; posiblemente encontrará un trabajo, y posiblemente volverá a Inglaterra.
    6 De ser bailarín profesional.

9   b   1 b 2 c 3 a 4 b 5 a 6 c 7 b 8 c 9 b 10 a